# LES SOUVENIRS D'UNE FEMME DU PEUPLE

Marie-Victoire Monnard, de Creil

1777-1802

Extrait du Bulletin de la Société d'Histoire
et d'Archéologie de Senlis
Tome I⁰ʳ et II. — Années 1925-1926 1927-1928

# O. BOUTANQUOI

# LES
# Souvenirs d'une femme du peuple

Marie-Victoire Monnard, de Creil

## 1777=1802

IMPRIMERIES RÉUNIES DE SENLIS

11, PLACE HENRI IV

1928

# Les
# Souvenirs d'une femme du peuple

## Marie-Victoire Monnard, de Creil
### 1777-1802

Il est une recherche passionnante parmi les vieux papiers.
c'est celle de la « petite histoire » qu'on y découvre parfois :
menus faits relatés au jour le jour, familiers, naïfs, avec la
franchise, la malice ; souvent même le parti pris, la vision
égoïste du conteur.

Mais s'il est une heureuse fortune pour le chercheur de
rencontrer le journal, le livre de raison d'une personnalité
depuis longtemps disparue, la trouvaille est plus précieuse
encore par sa rareté même, quand le narrateur est un
modeste personnage comme celui dont nous allons relater
les souvenirs (1).

*Marie-Victoire Monnard,* notre héroïne, est née à Vaux,
hameau de Creil (Oise) (2), le 4 octobre 1777, de parents petits
cultivateurs, on disait alors « laboureurs ». Presque sans
instruction, elle eut cependant un jour l'heureuse idée de faire
le récit de mille petits événements de sa vie, avec des
remarques morales et philosophiques bien à elle (3).

---

(1) L'inventeur en est M. L. Barbier, notaire à Creil. Nous le
remercions vivement d'avoir bien voulu nous confier le manuscrit et
nous autoriser à le publier.

(2) Creil, chef-lieu de canton, arrondissement de Senlis (Oise). Ville
industrielle. Le nombre des habitants, qui était de 1.510 en 1810, est
actuellement de 10.359.

(3) Le manuscrit est un cahier de 60 feuilles de papier grand format
(22 1/2 sur 34). 101 pages numérotées ont été utilisées. La couverture
porte simplement « M<sup>me</sup> Huet ». L'écriture serrée est assez bien formée,
mais le manque absolu d'orthographe et de ponctuation en rend la
lecture extrêmement pénible. Nous avons cru devoir rétablir l'une et
l'autre, tout en respectant scrupuleusement la rédaction. Nous avons
supprimé quelques longueurs et détails peu intéressants. Nous avons
évité de multiplier les annotations, afin de conserver au récit toute sa
saveur et de laisser le lecteur à ses impressions.

Elle nous contera d'abord ses souvenirs d'enfance, parfois puérils peut-être, mais qui nous feront pénétrer dans la vie paysanne de l'époque. Nous la suivrons en apprentissage à Paris pendant la Révolution. Curieuse et résolue, elle se faufilera partout et assistera à de grands événements historiques. Plus tard, mariée à un petit employé, elle habitera Compiègne ; puis, par voie d'eau, s'en ira à Nantes. Enfin, elle reviendra à Paris, son séjour préféré.

Et ce n'est pas sans émotion que nous lirons ces curieux souvenirs, dont l'humble auteur se révèlera à nous conteur délicieux, observateur perspicace et profond philosophe.

O. BOUTANQUOI.

M. et M<sup>me</sup> Monnard étaient les fermiers d'une petite seigneurie, située au milieu d'un bois à deux lieues de Compiègne, que l'on nommait le Boquet (1), et jouissaient d'une bonne réputation justement méritée. Ils eurent cinq enfants, quatre filles et un garçon, qu'ils marièrent et établirent à peu près dans le même état. Ils achetèrent pour leur fils le fonds d'une ferme à sept lieues de leur habitation ; il fallut marier ce fils. Afin que la dot de la demoiselle qu'il épouserait l'aidât à payer l'acquisition qu'ils venaient de faire, ils s'adressèrent à M<sup>me</sup> veuve Jourdain, riche fermière de ce temps, pour lui demander en mariage l'une de ses demoiselles, encore au couvent à Senlis. Elles étaient trois et avaient un frère (2). M. Monnard fils obtint avec assez de difficulté la promesse de cette union. Elle naissait de ce que ses parents n'étaient pas riches et que M<sup>me</sup> Jourdain avait de la fortune. Pour lever toute espèce d'objection, on convint qu'elle ne donnerait à sa fille que 2.000 francs en mariage, somme égale à celle qu'avait M. Monnard, bien qu'elle dotât ses autres enfants de 8.000 francs......

M et M<sup>me</sup> Monnard père et mère avaient de grandes qualités de cœur, mais ils n'étaient pas riches et ne purent faire plus de sacrifices pour l'établissement de leur fils. M<sup>lle</sup> Victoire Jourdain, la future, avait dix-sept ans et son prétendu vingt-quatre. Ils se virent quatre à cinq fois dans le cours de l'année de la demande en mariage. On les maria et ils vinrent s'établir dans leur ferme à Vaux (3), près Creil, en Picardie, à douze lieues de Paris. Neuf mois et quelques jours après leur union,

---

(1) Ferme à proximité de Jonquières, mais sur le territoire du Meux (arrondissement de Compiègne (Oise). Habitée jusqu'en 1920, elle a été rasée récemment.

(2) Devenu aveugle à l'âge de neuf ans pour s'être endormi à l'ardeur du soleil. (Note de l'auteur).

(3) Hameau de Creil, sur le chemin de Verneuil, situé dans une gorge tout près de l'Oise, à 800 mètres de la ville. Sa population était plus considérable que de nos jours. Château et chapelle actuellement grange de ferme.

j'arrivai au monde, le 4 octobre 1777 (1). M. Fomtesse, chargé d'une procuration pour être mon parrain par un monsieur qui partait pour les îles (2), que je n'ai jamais vu, me tint sur les fonts de baptême avec M<sup>lle</sup> Duvergier, la sœur du seigneur de mon père (3) ; ils me nommèrent Marie-Victoire. Ma mère fut nourrice cinq mois seulement, parce qu'elle devint enceinte. La grande difficulté pour me nourrir fut que je n'ai jamais pu et voulu manger de la bouillie et ne puis encore voir cet aliment sans que mon cœur se soulève de répugnance.

Mon père et ma mère ne furent pas très heureux dans leur ferme. Il leur arriva après dix mois de mariage un accident affreux qui fut sensible à leurs cœurs et onéreux pour leurs intérêts. Ils étaient tous deux occupés sur le bord de la rivière (4) à retirer du chanvre de l'eau que l'on y met ordinairement tremper pendant quinze jours, et ensuite sécher avant de le faire « mâcher ». Mon père vit un de ses charretiers amener à l'abreuvoir ses quatre chevaux; cet homme avait vingt-cinq ans; mon père, le voyant entrer dans la rivière, l'observe et lui dit : « N'allez pas à gauche, il y a une fosse ». Il ne le perd pas de vue, lui redit et lui crie avec vivacité : « Tirez à droite, n'allez pas à gauche ». Ce malheureux ne tint aucun compte de ses observations, et dans le même moment le premier cheval, sur lequel il était monté, fit probablement un faux pas, entraîna les autres, et en moins

(1) « L'an mil cent sept soixante et dix-sept, le lundy six octobre, a été baptisée par Messire Jean-Charles d'Auzou, prêtre, chanoine de l'Église royalle et collégiale de Saint-Évremond de Creil, pour l'absence de M. le Curé, *Marie-Jeanne-Victoire* née de samedy dernier de légitime mariage entre Jean Monart, laboureur à Vaulx, et de Marie-Geneviève-Victoire Jourdain, ses père et mère, de cette paroisse. Le parrain Jean-Antoine Fontès, de cette paroisse, la marraine Marie-Louise Gaudet, de Vaulx, lesquels ont signé les dits jours et an que dessus. (Signé) Marie-Louise Gaudet, d'Auzou, chanoine, Fontès ». (Marie-Victoire écrit : Monnard).

(2) Très probablement Achille Perès, l'un des chefs de la Compagnie des Indes.

(3) En 1731, le fief de Vaux appartenait à Louis Gaudet. Une de ses filles, Anne-Marie, avait épousé en premières noces Charles Duvergier, brigadier des gardes du roi. (Histoire de la ville et chatellenie de Creil (Oise), par le D<sup>r</sup> Boursier. *Paris. A. Picard*, 1833, p. 44).

(4) L'Oise à proximité.

d'une minute le charretier et les chevux furent engloutis sans
espoir de pouvoir les sauver. Le charretier fut trépassé par
ses chevaux, qui étaient attachés à la queue l'un de l'autre
par leur longe ; s'ils ne l'eussent pas été, il est présumable
qu'ils n'eussent pas péri, puisque ces bestiaux savent nager.
Au-dessus du précipice dans lequel ils périrent, les flots
rebondissaient sur la surface de la rivière sans y rien apercevoir que des nappes d'eau. Que l'on se figure voir quatre
chevaux de charrue attachés les uns avec les autres et un
homme monté sur l'un d'eux se débattant au fond de l'eau
contre la mort, on aura une idée de l'épouvante que ce spectacle douloureux fit éprouver à mon père et à ma mère, qui
étaient témoins de cette scène affreuse. Ils firent apporter le
plus prompt secours pour repêcher la victime de son imprudence ; ce ne fut que six heures après qu'il fut noyé, que
l'on put y parvenir. Déjà un accident, presque semblable,
était arrivé trente ans avant ; un prêtre, monté sur son
cheval, allait prêcher à une lieue de là ; il eut l'imprudence
de prendre un petit chemin qui se trouvait entre cette fosse
et un gros mur (il est si étroit que deux personnes auraient
peine à y passer de front); le cheval de cet ecclésiastique
chopa, s'abattit et entraîna sa monture dans cet endroit si
dangereux sans que, de même, l'on ait pu lui porter secours.
La perte que venait d'éprouver mon père par celle de ses
quatre chevaux n'arrangeait pas ses affaires.

Quelques mois après cet événement, ma mère mit au monde
une fille que l'on nomma Agnès. Au bout de quinze autres,
encore une troisième à qui l'on donna celui d'Angélique. Elle
eut huit filles de suite; un garçon arriva le neuvième, et
ensuite cinq filles, et encore un garçon, ce qui fait un nombre
de quinze enfants qu'ils eurent en dix-sept ans de ménage.
Le plus que nous nous sommes trouvés vivants fut huit. Il ne
reste de toute cette progéniture que les trois premières filles,
les seuls enfants que ma mère a nourris elle-même. Si cet
exemple ne donne pas une preuve certaine que beaucoup
d'enfants que l'on met en nourrice y meurent, il doit au
moins laisser de la prévention dans le cœur des mères contre
les nourrices qui généralement n'ont pas la tendresse mater-

nelle pour un être qui leur est étranger et à qui elles ne donnent des soins que pour et dans les proportions de la paye qu'elles en reçoivent.

Mon père avait des qualités de cœur, de l'âme, du raisonnement, du caractère, il voyait grandement. Ma mère était ménagère, peut-être un peu trop intéressée, parlant souvent misère et craignant toujours pour l'avenir. Elle ne savait pas se faire respecter et obéir par ses enfants; pauvre mère, c'est dire le mal que vous eûtes après nous. Elle était enfant, jeune de caractère, ne sachant pas commander les personnes de journée occupées dans la ferme. Sortant du couvent, elle était peu accoutumée à ce genre d'occupation, aussi mon père lui en faisait-il quelquefois des reproches. Elle pleurait et le menaçait de le dire à sa maman : « Je veux m'en aller chez elle, disait-elle ». Effectivement elle se sauvait, on la laissait aller, regardant cela comme un enfantillage et ensuite il fallait faire courir les charretiers après elle. Mon père allait avec eux dans la plaine pour leur faire prendre différents chemins afin de pouvoir la rejoindre; on ne pouvait prévoir celui qu'elle avait choisi, elle ne le savait pas elle-même. Quand on l'avait rejointe, on avait de la peine à la faire revenir. Elle voulait, disait-elle, s'en aller chez sa maman. Cela s'est répété plusieurs fois dans les trois premières années de leur mariage. Ce que je dis jusqu'ici sont des faits que l'on me rapporta plusieurs fois.

La première chose qui me fit impression et dont je me rappelle comme si je la voyais à l'instant même, était une grande chaudière emplie de pommes de terre, que l'on faisait cuire pour nourrir les porcs. La domestique la décrocha de la crémaillère et la mit à terre, l'eau bouillait encore. Trois ou quatre petites filles du hameau accoururent comme moi pour en prendre et nous en attrapâmes comme nous le pûmes, pour ne pas nous brûler les doigts; en nous débattant, nous en fîmes tomber une le derrière dans la chaudière : c'était ma sœur Agnès. Nous étions trop petites et trop saisies par les cris qu'elle faisait pour l'en retirer. Ma mère, l'entendant, accourt de la place voisine où elle était, la prend par le bas de ses jupons, l'emporte dans la cour les pieds en l'air.

Leurs cris firent accourir du monde ; ils mirent ma sœur
dans un seau d'eau, ce qui calma un peu ses douleurs aiguës.
On la déshabilla, elle avait tout le bas du dos et le derrière
brûlés d'une manière effrayante. Je pleurais à chaudes
larmes toutes les fois que je la voyais panser, sans pourtant
me rendre compte du mal qu'elle devait éprouver. Elle fut
longtemps à guérir. Les enfants malades sont exigeants ; je
me rappelle que presque tout le temps de la guérison de ma
sœur, elle voulait que ma mère la tînt sur ses genoux ou dans
ses bras, et que, par un sentiment dont je ne me suis pas
rendu compte, j'était toujours avec elles, tenant ma mère par
ses jupons, de sorte qu'au lieu d'un fardeau qu'elle avait à
porter, elle en avait trois, car elle était toujours enceinte. Cela
ne suffisait pas à notre exigence ; pour nous amuser nous
la faisions chanter jusqu'à extinction de voix, et aussitôt
qu'elle s'arrêtait pour se reposer, nous pleurions pour la
faire recommencer. C'était notre victime, nous la rendions
malheureuse parce qu'elle ne savait pas se faire obéir de
nous.

Quand elle me grondait, je la menaçais de l'aller dire à un
homme que j'appelais Tafin. Il demeurait dans notre hameau,
qui est composé du château, de la ferme et de quatre maisons
habitées par des paysans. Celui que je nommais « mon
Tafin » était un brave homme, qui écoutait avec bonté mes
doléances, mes petits rapports. Accoutumé à mon langage, il
le comprenait, me recevait et me consolait en me donnant du
vin pour faire une trempette. Ce vin était bien sûr comme
le vin de Suresnes, je le trouvais excellent, et après l'avoir
bu sa femme ou lui me couchait sur leur lit, où souvent je
faisais un somme. De là, sans doute, m'est venue l'habitude
de ne boire que du vin pur et que probablement je garderai
toute ma vie ; je m'en trouve très bien. Je me plaisais avec
ces gens, mais j'aimais bien mieux mon Tafin que sa femme.
Je courais partout après lui, et aussitôt que je pouvais attra-
per le pan de sa veste par la main, qu'à peine je pouvais
assez fermer pour la tenir, je ne voulais plus le quitter, tant
il est dans la nature d'aimer ceux qui nous accueillent et qui
nous font du bien. Mon Tafin avait à peu près cinquante ans

lorsqu'il quitta Vaux pour aller habiter Verneuil à une lieue
de là ; on eut beau me dire qu'il ne demeurait plus dans sa
maison, je ne comprenais rien à un déménagement et n'en
pensais pas moins à lui ; mon pauvre petit cœur soupirait ;
je l'appelais en pleurant, je voulais le revoir, j'allais l'attendre à sa porte une partie de la journée ; combien de fois ma
mère fut-elle obligée de m'y venir chercher ! J'aimais mon
Tafin avec affection d'âme. Ce premier attachement peut
donner une idée de ce que mon cœur fut susceptible d'éprouver dans l'avenir pour toute espèce de sentiment et particulièrement celui de l'amitié. Je ne sais si nos goûts, nos
habitudes dépendent des premières impressions que nous
recevons ; ce qu'il y a de bien certain, c'est que cet homme
était dépositaire de mes petits chagrins ; il savait me con-
soler et je l'aimais beaucoup. Est-ce que parce que c'était un
homme qui le premier fut mon ami, que dans le cours de
ma vie j'en ai fait plusieurs parmi ce sexe et très peu de
féminin ? J'avais deux ou trois ans lorsque je commençai à
avoir de l'attachement pour mon Tafin, et cinq à six quand
je le perdis de vue. Cette première intimité a dû naturellement me porter dans l'avenir à avoir plus d'épanchement,
de confiance dans la discrétion des hommes que celle des
femmes. Ce peut être une raison, car longtemps après le
départ de mon Tafin, je courais encore après les hommes
qui avaient quelque ressemblance de mise à la sienne et
m'attachais à eux, et jamais je n'ai fait attention aux
femmes qui avaient quelque rapport de tournure avec la
sienne.

Mon père et ma mère travaillaient beaucoup et n'étaient
pas heureux. Tout les accablait dans leur habitation ; les
terres qui appartenaient à la ferme étaient mauvaises, et mon
père trop bon cultivateur pour ne pas les améliorer. Il fit des
dépenses afin de les faire fructifier; faire des dépenses sur un
terrain qu'il n'avait qu'à bail, c'est vouloir se ruiner et enri-
chir son propriétaire ; c'est ce qui arriva. De nouveau il perdit
ses chevaux par une maladie que l'on appelle la morve, et
l'année d'ensuite son troupeau de moutons lui fut enlevé par

une autre qui se nomme le claviot (1). Il subit toutes ces pertes les sept premières années de son établissement, mais il s'était enrichi en progéniture, car il avait cinq enfants. Ferme, mon père ne pensait qu'à les réparer par son travail ; la bonne volonté, l'ordre et le temps sont des remèdes à toutes choses, disait-il.

Je n'avais pas plus de six ans que mes parents m'envoyèrent à l'école, à Creil, qui est à la distance d'un huitième de lieue de notre habitation. Un matin que j'y allais, cheminant tranquillement mon chemin, mon panier sous le bras contenant ma petite provision de la journée, je rencontrai les filles de la mère Béthancourt qui, comme moi, demeuraient à Vaux. Elles me dirent : « Victoire, ne va pas à l'école, ou tu vas rencontrer des loups-garous qui vont te tuer et te mangeront ; nous en avons vu quatre là-bas, nous nous sommes sauvées ; reviens, nous jouerons ensemble ; ton père, ni ta mère ne le sauront pas ; ils croiront que tu as été à l'école ». Comme une idiote, je donnai dans leur conte. Elles me prirent par chacune de mes mains et me firent courir entre elles deux, parce que, disaient-elles, les loups nous suivent et vont nous rattraper. J'étais en nage en arrivant, mais bien contente d'avoir échappé au danger qui m'avait menacé. Pour m'en réjouir, je passai la journée avec elles sans m'inquiéter si l'on pouvait me gronder ; je n'étais pas fine ni maligne. L'heure de m'en aller arriva ; les filles Béthancourt me recommandèrent de ne rendre aucun compte à mon père de ce que j'avais fait toute la journée ; je le leur promis sans attacher aucune importance à leurs recommandations...... Le lendemain il pleuvait à verse ; mon père m'envoya chercher à mon école par un charretier qui me mit en croupe derrière lui sur son cheval. En entrant dans la ferme il tourna trop court, l'encognure de la porte m'arrêta la jambe et j'eus la cheville du pied un peu écrasée ; ce qui me fit crier et pleurer de toutes mes forces. J'étais trempée comme une soupe. Un autre événement m'attendait encore, ma conduite de la veille était découverte. En entrant, mon père me demanda où j'avais été à l'école la veille. Je n'eus pas le temps de lui répondre

----

(1) La clavelée.

qu'il avait déjà troussé mes jupons et me donnait le fouet, mais d'une force que je crus en avoir le derrière emporté. Je trouvais qu'il aurait mieux valu être avalé par un loup que de recevoir une pareille correction. Il motivait ce châtiment sur ce qu'un enfant dissimulé ou menteur est près de devenir l'antienne d'un voleur. De ce moment, je l'ai craint comme la foudre et ne lui ai jamais fait un mensonge, ni désobéi. Sa volonté fut une loi pour moi ; il lui suffisait de me faire un signe, un geste pour être écouté à l'instant même.

Il n'en était pas ainsi pour ma mère. Lorsqu'elle me commandait quelque chose qu'il n'entrait pas dans mon goût de faire, je me sauvais ; elle courait comme un enfant après moi et me disait : « Je le dirai à ton père ». C'était prendre le moyen de ne jamais réussir pour se faire écouter, et démontrer à ses enfants qu'elle n'avait pas assez de force en les menaçant d'un autre ; c'était aussi convenir que celui dont elle les menaçait était supérieur. Dans ses moments d'impatience, elle rapportait à mon père les sujets de mécontentement qu'elle avait contre moi. De savoir que je manquais de soumission envers ma mère, il se mettait en colère et les corrections ou pénitences arrivaient. J'appelais ma mère à mon secours, elle mettait le holà, mais il était bien temps lorsqu'elle avait attisé le feu. Bien qu'elle me retirât de ses mains pour m'empêcher d'être battue davantage, je lui en voulais et l'accusais intérieurement d'être la cause des coups que j'avais reçus et ne lui en obéissais pas plus.

J'étais curieuse et je savais que l'on devait tuer un porc un soir à la maison. C'était une grande fête que de voir faire cette opération. Je savais aussi que ma mère voulait que je fusse couchée pour être débarrassée de moi. Je trouvai ce trait injuste et j'allai le confier à une petite fille qui me trouva un expédient pour que je visse couper la gorge du porc. Elle convint qu'à la brune elle se cacherait dans la basse-cour et me réveillerait à temps pour nous cacher ensemble jusqu'à ce qu'on se disposât à tuer l'animal, que nous le verrions de loin et l'entendrions crier. Je ne sais comment et par où elle entra dans ma chambre, mais j'entendis à voix basse : « Victoire, lève-toi, il est temps ». Nous étions sans lumière et il faisait nuit. A la hâte, je mis un jupon de toile sur moi. La peur de manquer le spectacle m'empêcha de prendre d'autres vêtements; elle me recommanda seulement d'emporter mes souliers qui se trouvaient sous mon lit et de les prendre à ma main, dans la crainte, disait-elle, qu'ils ne fassent du bruit dans mes pieds. Nous traversâmes la basse-cour jusqu'à la porte de la rue sans avoir été vues. Peu accoutumée à marcher les pieds nus, et surtout la nuit vers la fin d'octobre où les soirées sont assez fraîches, je voulus mettre mes chaussures, elle s'y opposa en me disant qu'il fallait éviter qu'on m'entendît marcher. Si je n'avais pas été aussi simple, j'aurais pu remarquer qu'elle avait les siennes à ses pieds. Nous montâmes sur une butte en face de notre porte pour aller joindre un gros noyer sous lequel nous nous cachâmes pour voir les préparatifs que l'on ferait dans la cour de la ferme, ce qui devait nous annoncer le moment fatal. Je n'avais pas chaud et je voulais encore mettre mes souliers à boucles d'argent qu'elle avait placés de son côté. Elle me dit qu'aussitôt que nous apercevrions la chandelle allumée allant et venant dans la ferme, nous irions et monterions dans une charrette qui était dans la cour...... Nous attendîmes une heure à la belle étoile, jamais temps ne me parut aussi long. Enfin le moment tant désiré arriva.....; nous montâmes dans la charrette sans être aperçues. Là nous étions aux premières loges pour voir la tragédie, qui fixa tellement mon attention que je ne m'aperçus de la disparition de ma compagne que lorsqu'il me fallut descendre de cette charrette. J'étais trop petite pour faire cette besogne seule; cependant je m'y déterminai en voyant que les timons étaient appuyés sur terre. Je me laissai glisser doucement afin de me faire le moins de mal possible; tombée par terre, à peine si je pouvais me relever tant j'étais transie de froid. Dans la maison j'arrivai à la porte mourant de peur d'être vue et de recevoir une correction, lorsque je m'aperçus que je n'avais plus mes souliers; je pleurai du chagrin que j'éprouvais de les avoir perdus. Mon père et mère accourent à mes cris, ne pouvant concevoir comment et pourquoi j'étais violette et raide de froid. Je tremblais encore pour mon derrière, quand ils me prirent et m'amenèrent devant un bon feu en cherchant à me calmer. Ils me demandèrent pourquoi j'étais nu-pieds, c'était redoubler mes douleurs ; j'étais suffoquée et inconsolable d'avoir perdu mes souliers et mes belles boucles d'argent qui étaient après et qui faisaient envie à toutes les petites filles qui les connaissaient. Je leur racontai du mieux que je pus ce que j'avais fait dans la soirée ; on alla avec une lanterne sous le noyer: on retrouva (mes souliers), mais mes boucles étaient volées. De ce moment on me défendit de jouer avec la petite fille qui avait passé la soirée avec moi. Je ne la revis plus à la maison ; je n'en connaissais pas la cause, mais le temps m'en a appris la raison.

Presque aussitôt après cette petite aventure, mon père me mit en pension chez Mme [*en blanc*] à Verneuil (1). Elle avait cinq ou six pensionnaires et autant d'externes. J'y demeurai huit mois, au bout desquels je n'avais rien appris. Je me mourais d'ennui dans cette maison, et pour achever mon tourment on me donna huit lignes de la *Civilité puérile et honnête* à apprendre. Il fallait que je les répétasse le lendemain en revenant d'une procession à laquelle je devais assister et qui devait aller du côté de Creil, sans quoi je devais avoir le fouet. Je me rappelais trop bien celui que mon père m'avait donné pour avoir fait l'école buissonnière, pour ne pas aviser au moyen qui pût m'éviter d'en recevoir un pareil. La procession m'en fournit l'idée. Je conçois l'espoir de pouvoir m'échapper de ma pension. Je me couche, mais je ne dors pas, je combine mon projet et suis bien déterminée à le suivre. Lorsque la procession qui va du côté de Creil s'arrêtera pour revenir, je me cacherai dans un fossé ou derrière un arbre.

Il y a beaucoup de monde à cette prière religieuse pour invoquer Dieu qu'il fasse tomber de l'eau quand il fait de trop grandes sécheresses. C'en était une qui devait avoir lieu à cette occasion.

Je supposais que ma maîtresse de pension, ayant les yeux baissés sur son livre, ne pourrait s'apercevoir que je manquerais au nombre de ses élèves. Enchantée de ma résolution, je pars avec la maîtresse et mes compagnes, décidée à ne pas

---

(1) A quelques kilomètres de Creil, arrond<sup>t</sup> de Senlis (Oise), 1.466 habitants.

revenir avec elles. Chemin faisant, je priais Dieu et la bonne Sainte Vierge de faire accomplir mon projet. Mes prières n'étaient pas longues, car je n'ai jamais rien pu apprendre par cœur ; j'ai pourtant de la mémoire pour ce que j'éprouve ; tout ce qui est naturel et qui porte au cœur me frappe l'imagination au point de n'en plus sortir. Je manque de patience et peut-être d'entendement à inculquer dans ma tête ce qui est de la convention des hommes quand je ne le comprends pas ; mais si je lis ou vois faire une action, je ne l'oublie jamais.

Je suivis donc la procession, regardant devant moi si j'apercevais le clocher de Creil, qui devait en suivant sa direction me guider pour aller à Vaux, quand tout à coup j'entends dire à demi-voix : « Les ecclésiastiques de Creil viennent de ce côté ». « Quel bonheur, m'écriai-je, je m'en retournerai avec eux ». Il faisait une chaleur excessive et alors, en 1785, il était d'usage qu'un grand nombre de paroissiens de chaque pays accompagnent les prêtres dans les champs, prier et invoquer l'Etre suprême qu'il leur fit la grâce de suspendre l'ardeur des rayons du soleil qui desséchaient la terre et faisaient craindre pour la récolte. Surcroît de bonheur, les deux processions se joignent, les ecclésiastiques font une station, tous les paroissiens se mêlent ensemble et au moment du départ chacun suivit sa croix et sa bannière. Je m'en allai avec celle de Creil, qui, en s'en retournant, passait à Vaux ; je laissai aller celle de Verneuil, en regardant souvent derrière moi si personne ne s'en détachait et revenait pour me prendre et me ramener. Lorsque je fus assez rassurée pour ne plus avoir d'inquiétude sur ce sujet, une autre s'empara de moi : Comment ferai-je pour entrer chez ma mère et que lui dirai-je ? Je lui dirai que je me suis trompée en ayant suivi la croix de Creil pour celle de Verneuil. Arrivée, le cœur me battait de crainte d'être grondée par mes parents de mon incartade ; mais le plaisir de les revoir me détermina à entrer dans leur ferme. Mon père, que je redoutais le plus, était absent ; ma mère était enchantée de me revoir. Je lui contai mon conte et elle le rapporta à mon père, qui par là était très mécontent de ce que ma maîtresse de pension n'avait pas plus de soin de ses élèves. Il fut décidé que

je ne retournerais plus près d'elle. J'en éprouvai une joie
extrême et fis la gentille, l'aimable auprès de ma mère durant
quelque temps pour qu'elle me gardât près d'elle; ce qu'elle fit.

Pour lui en prouver ma reconnaissance, j'allai au premier
janvier chez M<sup>lle</sup> Duverger, ma marraine ; elle demeurait à
Creil. Je me rendis à mon devoir en lui souhaitant la bonne
année ; elle me donna douze sous pour mes étrennes ; c'était
ma rente, jamais je ne reçus plus ni moins. Je réfléchissais
à quel objet je pourrais les employer pour qu'il puisse être
agréable à ma mère. Je me décide pour de belles grosses
pommes de Ramboure. J'entre chez Mme Honoré Saint-
Homère, marchande, et lui en demande pour mes douze sous.
Elle m'en remplit mon tablier, à peine si je pouvais les soulever tant il y en avait. Je les traîne et arrive enchantée de
mon emplette, me faisant une fête de l'offrir à ma mère.
Quelle réception elle me fit ! Je la vois encore : « Quoi, me
dit-elle, une enfant de huit ans avoir dépensé douze sols, et
en pommes encore. Il faut être d'une prodigalité impardon-
nable ». Elle-me les fit reporter et vint tout en colère me conduire chez la marchande, lui disant qu'elle avait abusé du
peu d'expérience que j'avais. Mme Honoré ne voulant les
reprendre, ma mère me força de les laisser par terre. Les
pommes roulaient dans la boutique et dans la rue, j'avais le
cœur gros et regrettais mes pommes, que je voyais rouler
sans oser en ramasser une. Je ne comprenais pas pourquoi
ma mère n'était pas plus satisfaite de mon attention pour elle.

J'oubliai cette aventure en voyant arriver Mme Jourdain,
ma grand'mère maternelle, qui vint nous voir en passant par
Senlis. Elle avait fait l'emplette de différents vêtements d'occasion pour faire à chacune de ses petits-enfants un cadeau.
Etant l'aînée, le plus beau me fut destiné. Quel plaisir
j'éprouvai en recevant ce premier don ; c'était une polonaise
d'indienne jaune ; cette couleur me parut si jolie et fit tant
d'impression sur mon goût que je la préfère encore de beaucoup à toute autre. Un sac m'eût mieux été que cette polonaise, qui avait été faite pour la taille d'une jeune personne
de seize ans, et je n'en avais que huit, mais il entrait dans le
caractère de ma mère d'avoir de la prévoyance pour l'avenir.

Afin de la ménager, je ne devais la mettre que très rarement pour qu'elle fût encore fraîche quand je serais grande. Que l'on se figure voir la troupe des chiens habillés qui dansaient autrefois dans les rues de Paris ; ceux qui ont vu celui qu'on nommait « la Comtesse » auront une juste idée de la tournure que j'avais avec cette polonaise. Cette ressemblance de mise m'a étonnée la première fois que je vis cette chienne, avec cette différence que sa robe était jaune uni et que la mienne était à grandes rayures. La taille était d'une longueur telle qu'elle m'allait au bas du derrière, et au bas de cette taille deux boutons de la grosseur d'un écu de trois francs y étaient placés avec une ganse pour retrousser le pan de la robe. On appelait cet ajustement polonaise en ce qu'il était ouvert et coupé sur le devant ; l'étoffe de la robe ne venait que sur les hanches ; elle se portait avec des jupons pareils, mais enjolivés de garnitures. Probablement par économie, ma grand'mère n'avait fait l'emplette que de la robe. On me mit un jupon de buron bleu uni, foncé, ce qui tranchait avec le jaune de la robe de manière à me faire reconnaître du plus loin que l'on m'apercevait. J'avais pour coiffure un petit bonnet rond à montants, un fichu d'indienne imprimé de fleurs gros rouge et des souliers garnis de clous. Jamais je ne me suis trouvée aussi belle et aussi brillante. Ma mère était tellement jeune d'âge et encore plus de caractère qu'elle me prit par la main en me recommandant expressément de ne pas parler, me fit voir à mes sœurs et aux personnes qui composaient la maison, me disant qu'elles ne me reconnaîtraient pas et me prendraient pour une belle demoiselle arrivant de Paris. Je ne parlai ni ne bronchai et mes sœurs ne purent me reconnaître, ou du moins manquaient de connaissance pour apprécier le stratagème de ma mère, qui eut l'enfantillage de pousser la plaisanterie plus loin en leur recommandant de ne pas me tutoyer parce que, leur disait-elle, on ne pouvait se permettre de telles licences avec une demoiselle de Paris. Elles l'écoutèrent, la crurent, bien qu'elles me virent déshabillée et reprendre mes vêtements ordinaires. Ma mère leur avait persuadé que j'étais une étrangère et, à dater de ce jour, elles ne me tutoyèrent plus, et ceux de mes frères qui reçurent le jour depuis suivirent leur exemple, et ont tous conservé cette habitude de dire vous que rien n'a pu leur faire perdre, quoique entre eux ils se soient constamment tutoyés et que je me sois exprimée de même avec eux. Cela prouve qu'il est des impressions que les enfants reçoivent et qui sont ineffaçables de leurs cerveaux ; la polonaise sans doute leur inspira de l'admiration pour le personnage qui la portait.

*<br>* *

Le bail de la ferme que mon père tenait expirait, et nous vînmes demeurer à Creil. Trois chevaux, très peu de bestiaux, — était ce qui lui restait. Il loua quelques terres, les cultiva et charria du bois et autres marchandises pour le public. Combien de fois l'ai-je vu partir à neuf heures du soir pour Paris, et dans des saisons rigoureuses, conduisant sa charrette chargée de farine. J'étais bien jeune, mais n'en sentais pas moins une peine secrète au fond de mon cœur de le voir se donner autant de mal pour pourvoir à nos besoins ; ce qui ne nous empêchait pas, mes sœurs et moi, de dérober de la ferraille que nous échangions poids pour poids contre des guignes. Ma sœur Angélique, quoique mangeant ainsi que nous les produits des soustractions du vieux fer, n'en allait pas moins nous dénoncer à ma mère, qui mit bon ordre à cette dilapidation en renfermant la ferraille. Ma sœur Agnès et moi fîmes le projet de nous venger de la rapporteuse, et pour cela nous l'engageâmes à venir dans les champs, lui disant que nous avions quelque chose de bon à lui donner. Comme Joseph, sans défiance, qui suivit ses méchants frères, elle vint avec nous dans l'espérance de recevoir ce que nous lui avions promis.

Nous entrâmes toutes trois dans une pièce de terre ensemencée de petites fèves que l'on nomme féverolles et que l'on donne à manger aux porcs. Elles étaient plus hautes que nous ; par ce moyen les personnes qui travaillaient aux champs ne pouvaient nous voir dans cette pièce. Et là, nous lui fîmes les reproches que méritait son bavardage et pour l'en punir nous lui donnâmes des claques qui la firent pleurer, et nous la frappâmes de nouveau afin de la faire taire. C'était d'autant peu généreux de notre part qu'elle était la plus jeune de nous trois. Cela n'a pu la corriger, car elle fut toujours rapporteuse ; aussi nous nous en sommes toujours défiées lorsque nous faisions quelque chose qui ne dût pas être su.

Dans l'hiver seulement nous allions à l'école ; pendant l'été, les enfants de petit fermier allaient travailler aux champs, de sorte qu'ils avaient le temps d'oublier ce qu'ils avaient appris durant la saison rigoureuse ; ils ne recevaient pas ce qui s'appelle une éducation soignée. Il en coûtait six sols pour chacune de nous par mois.

Nos parents cherchaient chacun de leur côté à tirer parti du mieux possible de ce qu'ils avaient. Ma mère pensa donc à vendre le lait de ses vaches, croyant en tirer un meilleur produit que si elle en faisait du beurre. Elle nous acheta à chacune une cruche qui en tenait pour douze sols, et une mesure pour en faire la distribution. Je devais porter ma cruche d'un côté de la ville, et ma sœur la sienne de l'autre ; nous partions toutes deux en allant de porte en porter demander qui voulait acheter du lait.

Nous demeurions dans une espèce de cul-de-sac. En face de nous étaient des personnes qui avaient des demoiselles de dix-huit à vingt ans, chez lesquelles nous allions voisiner. Elles mangeaient du pain blanc qui nous faisait envie. Nous leur manifestâmes le désir de faire un échange de notre bis contre le leur. Il faut croire que le plaisir du changement offre bien des attraits, car elles nous firent une proposition bien indélicate et à laquelle nous consentîmes. Elles nous dirent qu'il fallait faire sortir plusieurs poules de notre cour, refermer la porte sur elles en sortant nous-mêmes et les chasser doucement du côté de la leur, que ne sachant plus où aller, elles se trouveraient forcées d'entrer chez elle par une petite coulotte qu'il y avait sous leur porte. Ce qui fut dit fut fait ; nous renouvelâmes ce commerce trois ou quatre fois, pour lesquelles elles nous donnèrent un morceau de pain blanc de la valeur d'un sol. Ma mère, qui ignorait notre trafic, se plaignit de la disparition de ses poules et disait hautement qu'on les lui prenait, et en cachette en accusait telle ou telle

personne de les lui avoir volées. Ce mot nous fit comprendre
le danger auquel nous nous exposions, et combien il était
indigne de notre part de laisser planer un soupçon aussi
affreux sur des personnes qui ne le méritaient pas ; et nous
fûmes convaincues de ne jamais recommencer ce manège.
De ce moment, j'ai conçu pour les personnes qui recelaient
nos poules un mépris éternel ; bien qu'elles jouissaient d'une
certaine considération dans le pays, je n'ai jamais pu les
aborder sans penser à leur indélicatesse.

Si j'aimais le pain blanc, j'aimais aussi les bigarreaux, et
en passant devant la porte de Mme Honoré Saint-Homère,
j'en vis de bien beaux étalés dans sa boutique. Je les convoi-
tais et aurais bien voulu les avoir. Pour m'en procurer, je pris
deux sols qui se trouvaient sur la cheminée de mon père et
allai en acheter avec cet argent. Je rentrai à la maison pour
les manger ; dans la crainte d'être aperçue dans la rue, je
me mis dans une salle où il y avait un tas d'avoine battue ;
je tournai autour en fredonnant un air pour détourner l'attention que ma mère, qui était dans une pièce voisine, pourrait avoir sur moi. A mesure que je mangeais mes bigarreaux, je jetais les noyaux et les queues dans le tas d'avoine
pour qu'ils ne fussent pas vus... Le hasard veut que mon père
entre dans la pièce où j'étais. Je reste interdite, pétrifiée de
frayeur, ce qui lui décèle ma mauvaise position. Sa question
est gravée dans ma mémoire : « Qui t'a donné de l'argent
pour acheter ces bigarreaux » ? Je ne pus répondre et le lui
dire. Je n'ai jamais vu d'homme aussi furieux ; il me donna
une volée de coups de fouet dont je me ressouviens comme
si je les recevais à l'instant même. Ma pauvre mère accourt
à mes cris, se jette sur moi, m'entoure de ses bras et m'entraîne pour me préserver d'en recevoir de nouveaux. Il était
tellement hors de lui qu'il me frappait encore lorsqu'elle me
cachait dans ses vêtements. Les coups de fouet que j'avais
reçus me firent boursoufler les jambes aux endroits où il avait
frappé. Ma mère lui fit voir le danger de ses emportements.
« Les hommes, lui répondit-il, ont cru devoir faire la loi
rigoureuse qui punit les voleurs de la peine de mort ; je puis,
comme père de famille, corriger ceux qui m'appartiennent ;

par ce moyen et tandis qu'ils sont jeunes, je cherche à couper
en eux le germe d'un vice qui les conduirait au déshonneur ».
Cette explication, suivie d'une petite querelle entre eux et
dont j'étais la cause, me pénétra le cœur de repentir, et
jamais, à dater de ce jour, je ne recommis la moindre indélicatesse envers eux ni qui que ce fût. Si les parents des
demoiselles qui tordaient le col de nos poules leur avaient
donné une pareille correction..., je mets en doute qu'elles
eussent recommencé une seconde fois.

Mon père n'était pas méchant, mais sévère et emporté ; il
nous aimait pour nous et non pour lui. S'il corrigeait, il savait
aussi tolérer toute espèce de faute si elle n'était pas prémé-
ditée avec intention de mal faire...; il savait aussi récompenser. Ma mère ne frappait pas, mais me reprochait constamment les sottises que j'avais faites et ne me donnait jamais
rien.

Lorsqu'il y avait une fête dans les villages voisins, mon
père me donnait deux sols pour y aller ; j'avais beau sup-
plier ma mère, réduire ma demande à un sol et même deux
liards, je n'en obtenais pas davantage. Aussi je lui en conser-
vais moins de reconnaissance pour sa tendresse à m'éviter
de recevoir des coups, que je ne savais de gré à mon père des
deux sols qu'il me donnait pour aller aux fêtes. Bien que mon
caractère avait quelque analogie avec le sien, il me corrigeait davantage que ses autres enfants. J'étais criarde, raison-
neuse, décidée et ne me rendais pas facilement lorsque je ne
comprenais pas ce que l'on me disait, et si l'on ne m'expliquait l'utilité de ce qu'on voulait me faire faire. Rien ne me
paraissait plus étonnant et ne me faisait plus de mal que
d'entendre dire par mon père : « Il faudra que tu changes ou
que tu dises pourquoi ». Je ne pouvais concevoir ce qu'il me
fallait faire pour cela.

Toutes ces menaces dont je ne pouvais comprendre l'utilité
ne me rendaient pas heureuse. Je trouvais mon sort affreux et
cherchais dans ma tête quel moyen je pourrais employer pour
n'être plus continuellement grondée. Paris, dont j'entendais
parler si souvent, me vint à l'idée. Ne pourrais-je y aller, me

disais-je ; bien que je n'avais que neuf ans, déjà je pensais à aller courir la chance de la fortune dans la capitale.

Lorsque j'allais à ces fêtes de village, ayant mes deux sous dans ma poche, mon projet était de les faire fructifier. Je les employais à acheter des billets de loterie qui offraient l'espoir de gagner soit une soupière ou un saladier ou toute autre chose de ce genre. Souvent je revenais sans avoir gagné. Je m'en consolais facilement, car la perte d'argent fit toujours très peu d'effet sur moi ; mais s'il m'arrivait de rapporter un saladier de faïence, produit de mon gain de loterie, j'étais au comble de la joie. Je l'offrais à ma mère, qui était très contente de le recevoir ; mais si au contraire je n'avais rien gagné, elle me grondait d'avoir aussi mal employé mon argent. Je trouvais sa conduite injuste ; puisqu'elle me recevait bien quand je lui rapportais quelque chose, elle devait de même m'accueillir dans l'autre circonstance. Mon père la blâmait de ses observations, qu'il ne trouvait pas justes. Il prétendait qu'il fallait laisser les enfants libres de faire ce que bon leur semblait du premier argent qui leur appartenait, ou du moins que les observations qu'on avait à leur faire fussent les mêmes le jour qu'ils rapportaient quelque chose à la maison comme celui où ils ne rapportaient rien. Il disait aussi que l'on pouvait juger du fond du caractère et des goûts des enfants par l'emploi qu'ils faisaient du premier argent dont ils pouvaient disposer à leur gré. Son raisonnement sur ce point s'est trouvé réalisé pour les siens. Agnès ne dépensait pas un liard sur les deux sols que mon père lui donnait, et quand par hasard cela lui était arrivé, elle pleurait jusqu'à ce qu'on les lui eût remplacés pour les thésauriser. Elle a toujours eu l'âme intéressée, plaignarde et parlant presque toujours misère. Angélique employait son argent en futilités, en gourmandises, et les partageait avec les premières jeunes filles qui se présentaient à elles et avec lesquelles elle ne s'accordait pas toujours parce qu'elle était inconséquente, sans raisonnement, mais le fond de son cœur était et est resté bon. Elle en a souvent donné des preuves à ceux des siens qui ont eu besoin d'elle, et pourtant elle n'a pu prétendre à leur reconnaissance à cause de son caractère rapporteur et cancanier.

Moi, je ne pouvais garder un sol ; j'en disposais soit pour la loterie, soit pour jouer aux œufs rouges ou à toute autre espèce de jeu qui offrait une chance de bénéfice. Je n'aimais l'argent que pour en gagner d'autre avec. J'avais l'imagination ardente et le caractère remuant ; je voulais savoir et voir par moi-même, et quelquefois cela allait jusqu'à mon détriment.

...... Un jour, une jeune personne me demanda devant cinq ou six autres si je savais ce que c'était qu'une giroflée à cinq feuilles ; je répondis non ; elle me demanda si je voulais l'apprendre. Je n'hésite pas à dire oui. « Tends la joue, me dit-elle ». Comme une bête, je lui avance ma figure ; mes autres camarades eurent pitié de mon ignorance et me crièrent : « Elle va te donner une claque ». Malgré leur avertissement je ne persiste pas moins à savoir ce que c'est qu'une giroflée à cinq feuilles ; dans le même moment, j'en reçus une conditionnée qui me fit sentir ce que l'on attrape pour avoir trop de curiosité.

J'étais curieuse, il est vrai, mais je ne manquais pas non plus de courage, et ma mère le mit un jour à l'épreuve en m'envoyant avec ma sœur Agnès porter comme le petit Chaperon rouge un panier rempli de boudins et de saucisses à ma grand'mère maternelle, qui demeurait à Crépy (1), à sept lieues de distance de chez nous. Il fallait les faire à pied ; nous partîmes et allâmes coucher à Senlis chez une de nos tantes, qui nous réveilla le lendemain deux heures avant le jour. Il ne paraissait, dans la saison où nous étions, qu'à sept heures ; nous avions encore cinq lieues à faire et devions arriver de bonne heure à Crépy, où ma grand'mère résidait. Il faisait un brouillard épais et nuit de manière à ne pouvoir distinguer à douze pieds devant soi. Nous ne nous en mîmes pas moins dans la direction de notre chemin ; il était droit et bordé de chaque côté par une allée d'arbres (2) ; nous n'avions qu'à le suivre

---

(1) Crépy-en-Valois, chef-lieu de canton de l'arrondissement de Senlis, 5.293 habitants.

(2) Chemin de grande communication n° 134 de Chantilly à Villers-Cotterêts, par Senlis et Crépy-en-Valois.

sans crainte de nous égarer. Il ne se trouvait sur cette route qu'une seule maison qui était habitée par un aubergiste qui donnait à manger aux voyageurs ; quatre personnes étaient la composition des habitants de cette maison, et toutes ont été assassinées et volées quelque temps après que nous fîmes ce petit voyage (1). Nous n'étions pas avancées sur cette route que nous entendîmes devant nous et d'assez près une marche lourde et régulière ; nous crûmes entendre celle de la bande à Cartouche, de qui nous avions entendu parler tant de fois. Que l'on se figure voir deux petites filles, l'une de dix ans et l'autre de neuf, chargées d'un panier, au milieu de la nuit sur un grand chemin, croyant voir arriver sur elles une bande de voleurs, et on aura une idée de la frayeur épouvantable que nous éprouvâmes. L'on ne meurt pas de peur, sans cela nous n'existerions plus...... Toutes nos facultés étaient anéanties et nous ne trouvions de consolation qu'en nous rapprochant bien étroitement l'une contre l'autre. Jamais nous ne nous étions autant aimées et ne ressentions plus le besoin que nous avions l'une de l'autre dans cette position...... Enfin nous décidâmes qu'il nous fallait quitter la route. Elle était recouverte de petites pierres auxquelles notre marche faisait faire un petit frottement ; ce bruit aurait pu nous faire découvrir par les voleurs, au lieu que dans les terres labourées ils ne nous entendraient plus. Nous prîmes à droite et marchâmes à travers les terres labourées. Le brouillard tombait et rendait la terre plus qu'humide et presque impraticable......, mais au moins nous espérions nous mettre en sûreté. Nous écoutâmes si nous entendions encore la marche pesante de ces voleurs, et reconnûmes le même mouvement et à la même distance de nous...... Nous crûmes qu'ils y voyaient plus clair que nous et que, s'étant aperçu que nous avions changé notre chemin, ils nous

(1) On dit dans la *Statistique du canton de Senlis* par M. Graves, 1841, p. 79 : « Un autre écart nommé *la Maison Blanche* ou *la Bonne-Rencontre* existait autrefois sur la route de Crépy à Senlis au point où elle est croisée par le chemin de Montépilloy à Rully. C'était une auberge isolée dont les habitants successifs furent trouvés assassinés avec leurs familles, leurs serviteurs et même les animaux de garde. Le crime s'étant reproduit deux fois en dix années, et l'immeuble demeurant sans propriétaire, il fut rasé en 1820 ».

suivaient et voulaient nous rattraper. La peur nous donna du courage et nous fit redoubler notre pas ; nous allâmes un peu à droite pour nous éloigner d'eux et joindre Montépilloy (1) qui se trouve sur la droite de la route de Crépy. Il est situé sur une hauteur énorme. Le jour ne paraissait pas encore assez et nous ne pouvions pas apercevoir ce pays. Nous marchâmes trois quarts d'heure sans oser nous arrêter ni regarder derrière nous ; nous étions hors d'haleine et en nage. Nous écoutâmes à nouveau et n'entendîmes plus qu'à peine la marche qui nous avait fait tant de frayeur. Tout en nous acheminant vers Montépilloy, l'espoir renaissait dans notre cœur ; enfin la pointe du jour commença à paraître et nous fit voir le château de ce pays, qui n'est qu'à la distance d'un quart de lieue de la route que nous ne pouvions encore distinguer à cause de la présence du brouillard. Nous cotoyâmes le bois de Montépilloy, sur la même direction du chemin de Crépy, conservant l'espoir de le reprendre lorsque nous serions bien assurées que la bande de Cartouche en serait disparue. Le soleil commençait à montrer ses rayons et nous fit distinguer les arbres que bordaient le chemin que nous avions quitté, et nous vîmes à travers une masse d'objets marchant que nous ne pouvions définir. Nous nous en rapprochâmes et crûmes alors voir un régiment de cavalerie, ce qui ne nous rassurait pas trop. Il nous fallait savoir nous résoudre ; nous avions fait deux lieues dans des terres labourées et ne pouvions presque plus marcher. A tous risques, nous approchâmes de ce fantôme effrayant. Quelle ne fut notre surprise en voyant une vingtaine de vieilles vaches que des marchands allaient vendre à la foire de Crépy ! Pour cette fois nous fûmes rassurées et achevâmes notre chemin en nous entretenant de la peur panique que nous venions d'éprouver, et ne manquâmes pas de la raconter à notre grand'mère et d'en faire la narration aussitôt notre retour à Creil.

Mon caractère déterminé me porta un jour à me révolter contre ma mère. Il faut que j'en convienne avec regret, elle avait de l'antipathie contre un de ses enfants; elle n'aimait

---

(1) Petite commune du canton de Senlis. Restes d'un château du XII<sup>e</sup> siècle qui fut remanié, sous Charles VI, par Louis, duc d'Orléans.

pas mon frère, celui dont j'étais la marraine... Souvent, le voyant frapper, j'en souffrais intérieurement, n'osant et ne pouvant rien dire. Un jour cependant je ne pus le voir battre sans en éprouver un emportement qui me mit au désespoir au point de m'en arracher les cheveux. Je me jetai sur ma mère pour lui ôter mon frère des mains ; ne pouvant en venir à bout, je lui dis : « Vous êtes malade, c'est bien fait. c'est le Bon Dieu qui vous punit. Pourquoi battez-vous mon frère » ? Je n'eus que le temps de me sauver et de me cacher une partie de la journée pour me soustraire au châtimnt que méritait mon impertinence envers ma mère. Un domestique de la maison me facilita le moyen de rentrer le soir. J'en fus quitte le dimanche d'ensuite pour rester à genoux dans l'église durant tout le temps de la répétition du catéchisme. On voulut me faire donner une correction par mon père pour avoir ainsi osé manquer à ma mère ; il s'y refusa, disant qu'il n'y avait pas de préméditation, que c'était un élan du cœur qu'il se garderait bien de réprimer, et que ce devait être à la personne offensée de se faire respecter. Ceci me fut répété en cachette et me servit de leçon pour ne plus manquer de respect envers les auteurs de mes jours, et me fit ressentir pour mon père l'amour dans lequel se mêlait le sentiment de l'admiration que rien depuis n'a pu altérer.

A cette époque, ils perdirent une de mes sœurs jumelles assez malheureusement. Elle avait quatre ans ; ma mère l'envoya chercher mon père que nous attendions pour dîner. Elle devait le trouver dans l'écurie, qui était séparée et en dehors du bâtiment que nous habitions. La malheur voulut qu'il ne s'y trouvât pas. Ma sœur, apercevant un seau d'eau et des petites fèves qui trempaient dedans, tapote l'eau de ses mains, joue avec celles du fond. La pesanteur de la moitié de son corps qui se trouvait penchée sur ce seau l'entraîne, et en moins de quatre minutes elle fut noyée, étouffée, sans que sa personne entrât entièrement dans l'eau. Mon père, en rentrant, [l'aperçut], les jambes presque en l'air, la retira, elle était morte. Mon autre sœur jumelle n'avait pas éprouvé une fin plus heureuse. Elle avait eu pour nourrice une femme extrêmement pauvre, qui couchait dans une espèce d'étable dans laquelle il y avait un assez grand nombre de rats et de souris. La crainte qu'ils ne courussent la nuit sur son nourrisson le lui fit coucher entre elle et son mari, et ils l'étouffèrent en dormant. Cet exemple doit rappeler aux mères que Jean-Jacques a dit qu'elles ne doivent jamais séparer leurs enfants d'elles.

Depuis quelques années, mon père avait obtenu des moines le bail de la dîme des grains qui leur appartenait sur le canton de Creil (1), ce qui lui donnait beaucoup de travail et le forçait à m'utiliser. Il m'emmenait avec lui dans les champs, me faisait herser la terre avec des chevaux qui étaient plus hauts que moi et qui me marchaient quelquefois sur les pieds. Il me réveillait aussi à quatre heures du matin pendant la moisson pour aller aider les calvaniers (2) à décharger les voitures de blé, produit des dîmes et des terres. A peine si j'avais les yeux ouverts qu'il me mettait dans la grange sur un tas de gerbes pour y recevoir les bottes et les rejeter à celui qui les entassait. Elles étaient plus lourdes que moi, je ne pouvais les soulever, il me fallait les traîner en les prenant par les liens ; quelquefois on me les lançait à travers du corps, ce qui m'envoyait au loin.

Ce genre d'occupations m'était à charge, et je ne pouvais souffrir tout le travail qui a rapport à ce qui concerne l'intérieur d'une ferme, et encore moins aller aux champs, et je me désespérais d'avoir un tel état. J'enviais le sort des demoiselles Taupin, qui faisaient des bonnets piqués à carreaux. J'allai leur demander si à Paris on en vendait d'aussi beaux. Sur leur réponse positive, je me montai la tête, je ne pensai plus qu'à partir pour la capitale, et fis part de ma résolution à ma mère, qui la communiqua à mon père. Il l'approuva et dit qu'il fallait laisser les enfants libres de se choisir l'état qui leur convenait et pour qui ils annoncent avoir

---

(1) Il s'agit du Chapitre de Saint-Evremond. Il était composé de six chanoines, D'Auzou, Ameline, Audinet, présents ; — Chapelier, Gauthier, de Leyne, absents. — En 1790, le chanoine Ameline fit partie de la Municipalité. En 1793, il se cacha à Paris et échappa à la Terreur. (*Histoire de Creil,* ouvrage déjà cité).

(2) Ouvriers de ferme plus spécialement chargés de faire les meules.

du goût. Ma mère rit de mon projet, s'en moqua et chercha à m'en détourner en me racontant le mal qu'on avait à Paris. Tout cela ne m'arrêta pas ; je ne trouvais rien de plus pénible que de rester dans une ferme, de soigner les bestiaux et d'y traire les vaches. Il fut donc décidé que lorsque j'aurais fait ma première communion l'on prierait M. l'abbé Ameline, l'un des prieurs de la dîme que mon père tenait, d'écrire à sa nièce pour qu'elle me cherchât une place à Paris chez une marchande de bonnets qui m'apprendrait à les faire et surtout à les vendre. J'étais tellement contente de cette décision que j'allais la raconter à qui voulait l'entendre. C'était une affaire d'état dans le pays que de voir un cultivateur sans fortune envoyer l'aînée de ses enfants à Paris, la seule qui commençait à lui rendre quelques services, au lieu qu'il fallait au contraire dépenser pour lui faire apprendre un état. « Quel homme, disait-on, il perd la tête, il se ruinera pour ses enfants ». En effet, si mon père eût fait comme tant d'autres dans sa position, qu'il n'eût consulté que ses intérêts au lieu du bonheur à venir pour les siens, il nous eût tous gardés et aurait eu la certitude de mettre une partie du fruit de son travail en réserve pour pourvoir à ses besoins dans un âge plus avancé. Un enfant de douze à quatorze ans n'est plus à charge à ses parents s'ils sont cultivateurs ; plus ils en ont, et plus ils leur rendent de services; ils deviennent pour ainsi dire une augmentation dans leur fortune. Mon père pensait qu'avec son travail seulement il lui serait impossible de nous mettre à même de parvenir à avoir de l'aisance s'il nous gardait près de lui, et voulut courir la chance du contraire, en sacrifiant pour ses enfants ce qu'il gagnait. Il nous mit toutes hors de la maison paternelle lorsque nous avions atteint l'âge de douze à quatorze ans. Ma mère se désolait de se voir enlever toutes ses filles les unes après les autres ; je me rappelle que mon père lui dit : « Tu en aurais vingt que je ne t'en laisserais pas une; tu ne sais pas les élever ».

Pour avoir des renseignements exacts de ce que l'on faisait à Paris, j'allai faire part de mon projet de départ à M<sup>me</sup> Bonnour, marchande épicière et mercière. Elle avait fait elle-même son apprentissage à Paris chez un confiseur, rue des Lombards, et était venue se marier et s'établir à Creil. Elle avait de

l'usage et des manières agréables. Pour m'accoutumer, disait-
elle, au commerce, il faut venir chez moi les jours de marché
pour vendre aux personnes de la campagne qui font des
emplettes après avoir fait la vente de leurs légumes. Je goûtai
sa proposition et l'acceptai avec empressement. Je ne dormis
pas la nuit qui précédait le jour du marché, dans la crainte de
ne pas me réveiller d'assez bonne heure. J'allai le vendredi de
très bon matin attendre à sa porte que l'on ouvrît pour qu'elle
m'installât dans ma nouvelle fonction. Elle durait cinq heures
chaque semaine. Pour récompenser les services que je rendais
à M<sup>me</sup> Bonnour, elle me donnait une tasse de café et de plus
deux sols ; je croyais déjà ma fortune faite.

En vendant des écheveaux de fil, je m'aperçus qu'une paysanne
en avait soustré un qu'elle fourrait dans son manchon assez
maladroitement. Je le lui dis, elle le laissa tomber, prit un ton
d'humeur de mon apostrophe. M<sup>me</sup> Bonnour s'aperçut de la
discussion, et, plus adroite que moi, elle arrive me retirant le
paquet de fil des mains, avec un air de colère en me disant :
« Petite sotte, c'est vous qui avez laissé tomber cet écheveau
de fil », quoiqu'elle fût persuadée du contraire. Son raisonnement était qu'en prouvant à cette femme qu'elle l'avait
volée, elle s'en ferait une ennemie qui irait partout dans son
village déprécier sa marchandise et pourrait lui faire perdre
des pratiques, et que d'ailleurs la valeur de l'écheveau de fil
ne valait pas la peine de l'humiliation que l'on pouvait lui
faire éprouver, qu'il fallait s'en défier à l'avenir tout en
redoublant d'honnêteté pour elle, afin qu'elle ne puisse
s'apercevoir des doutes que l'on concevait sur sa probité. Le
temps m'a prouvé que Mme Bonnour avait le jugement juste,
car cette femme fit par suite tout ce qui dépendait d'elle
pour lui amener des acheteurs. Cette première leçon de
raisonnement me servit de gouverne dans l'avenir, en évitant
autant que possible d'humilier ceux qui se trouvent dans le
cas de l'être. J'ai vu ainsi qu'une politique bien entendue
pouvait servir à ses intérêts et qu'il fallait savoir sacrifier à
propos pour recueillir plus tard.....

Lorsque j'étais chez Mme Bonnour pour essayer un appren
tissage, nous étions en 1789 ; les troubles de la Révolution

commençaient à se faire sentir assez fortement. On parlait bouleversement, changement ; je ne comprenais rien au fond de toutes ces conversations, mais il était question de changement, il n'en fallait pas davantage pour m'occuper l'imagination. Un jour, on cria de toutes parts : aux armes, les ennemis arrivent, il faut les repousser. Le même jour et à la même heure, cette alarme fut donnée et mit tous les Français en révolution et sur la défensive. On sonna le tocsin, on battit la générale, on dépava les cours, dont on remplissait les chambres pour les précipiter sur les têtes des ennemis. Les uns, c'était de l'huile qu'ils faisaient bouillir ; les autres, des cendres qu'ils ramassaient pour les jeter dans les yeux des premiers qui voudraient entrer chez eux. Les hommes s'armèrent de faux, de fourches ou de broches, se rassemblaient par pelotons et couraient en plaine comme des fous sur l'ennemi que chacun, en se sauvant d'un pays à l'autre, disait avoir vu dans le sien. C'était un charivari à ne plus s'entendre. J'allai comme les autres sur le pont, que l'on barricadait avec des charrettes pour empêcher les brigands d'entrer dans le pays. C'était Mme Béjot, grande, forte et courageuse femme du maître du pont, qui commandait et faisait ranger les barricades. J'enviais sa taille et sa bravoure, j'aurais voulu être à sa place pour être de la mêlée, mais elle ordonna aux enfants de s'en aller chez eux, ce qui ne m'arrangeait pas du tout. Je voulais savoir et voir. Assez mécontente de ce contretemps, je m'en retournai ailleurs, où je vis d'autres préparatifs de défense, quand tout à coup arrive un hourra occasionné par plusieurs femmes et des enfants venant, courant éplorés, de Pont-Sainte-Maxence qui est à deux lieues de Creil, disant qu'elles avaient vu tuer leurs maris à leurs pieds. Chacun courut rapporter cette nouvelle chez soi. Les parents autant que possible mirent leurs enfants en sûreté pour pouvoir se défendre. Ma mère nous donna pour les trois aînées des siens un pain de quinze livres et le quart d'un fromage de Brie ; munies de cette provision, nous allâmes nous réfugier dans un grenier. Elle garda ses trois plus petits enfants et alla se cacher avec eux dans le clocher de Saint-Evremond. Je n'ai jamais pu comprendre pourquoi elle avait fait cette séparation dans un moment qui annonçait être aussi périlleux, ce qui n'était pas naturel, d'autant que nous pleurions pour la suivre. Dans le grenier où nous étions, il y avait une petite croisée d'où nous pouvions voir ce qui se passait dans la plaine. N'étant pas assez grandes pour l'atteindre, nous nous élevâmes en nous portant à bras chacune à notre tour, et vîmes des hommes de plusieurs villages amassés, armés de pelles, bêches ou fléaux, qui allaient à la découverte dans les champs sans pouvoir rejoindre les ennemis imaginaires qu'ils cherchaient. Fatiguées de nous porter, nous nous mîmes à manger notre fromage, qui, avec ma mère, nous eut duré quatre jours ; au bout de trois heures, il n'en était plus question. Après être restées dans ce réduit, nous en voulûmes sortir ; je descends la première tout doucement, mes sœurs me suivirent ; j'entr'ouvre la porte et regarde en tremblant si j'aperçois l'ennemi ; ne le voyant pas, nous nous en retournâmes à la maison, où nous trouvâmes ma mère, qui n'avait pas vu plus que nous les hommes dont l'on s'était fait des peurs paniques.

Mon père se trouvait à ce moment dans la forêt de Compiègne et vit accourir devant lui un assez grand nombre de monde qui prirent la bride de son cheval en lui disant de ne pas aller plus loin, que les ennemis venaient et qu'ils allaient le massacrer.

Des plus petits coins de la France l'alarme avait été donnée par des courriers qui couraient de ville en ville sans avoir su pourquoi et par qui cet ordre avait été commandé. Partout on a vu le même empressement à s'armer. Si ce mouvement a été ordonné par le gouvernement ou par les ennemis de l'Etat afin de juger de l'ardeur et du zèle des Français à se défendre, ils auront acquis la preuve certaine qu'un peuple vraiment national est invincible s'il n'est divisé par les opinions politiques. Huit heures après ce mouvement, tout rentra dans l'ordre (1).

Quelques jours après ce tumulte, on crut entendre tirer le

---

(1) Il s'agit de *la Grande Peur*, dont les origines sont encore mystérieuses et qui secoua la plus grande partie du pays, les campagnes et

canon de Paris, une partie des habitants du pays montèrent
sur la plaine, ils se couchèrent et appuyèrent leur oreille sur
la terre pour écouter. Je fis de même qu'eux et nous entendîmes distinctement la commotion réitérée des coups de
canon. Nous apprîmes que c'était la prise de la Bastille du
quatorze juillet 1789. Par suite on forma des municipalités ;
mon père en faisait partie ; il était officier municipal et
revêtu de l'écharpe tricolore.

A l'approche de la moisson, les cultivateurs font ordinairement leur provision de boisson pour les ouvriers qu'ils
occupent chez eux à leurs récoltes. Mon père se disposait à
faire la sienne en cidre et m'emmena avec lui pour surveiller
sa voiture tandis qu'il irait faire des emplettes dans les
villages. Il était dix heures du soir ; nous souhaitâmes le
bonsoir à ma mère, et nous disposâmes à partir pour
Mouy (1). Mon père me déposa dans son écurie et me dit
qu'en attendant que ses chevaux eussent mangé l'avoine il
allait à la poste aux lettres pour savoir l'heure qu'il était.
C'était M<sup>me</sup> Debauchy qui avait cette place ; je ne pouvais
la souffrir en ce qu'elle me faisait souvent gronder..... Je me
mourais d'ennui et de peur, étant au milieu des chevaux et
des vaches à l'attendre. Enfin il arrive ; il était minuit et
demi. Je monte dans sa charrette ; il me fit asseoir entre deux
tonneaux, sur une botte de paille ; j'avais l'air de Bacchus
en goguette. Lorsqu'il voulut passer à la porte de ce pays
pour en sortir, on lui demanda le congé de son vin ; il eut
beau dire que c'était du cidre, on n'en voulut rien croire ;
l'on prétendait que ses tonneaux étaient remplis de poudre
qui devait servir pour je ne sais quelle conspiration. La
population de Mouy était accourue au bruit que fit l'arrestation d'une voiture chargée de poudre en contrebande. Je
restais consternée entre les tonneaux, en attendant le dénouement de cette aventure. Mon père était connu dans le pays,
il se réclama de ses connaissances et dit qu'il était officier

les villes, entre le 27 juillet et le 1<sup>er</sup> août 1789. Marie-Françoise
Monnard, par un léger défaut de mémoire, place donc l'événement
avant la prise de la Bastille.

(1) Mouy, chef-lieu de canton de l'arrondissement de Clermont (Oise).

municipal de Creil ; on ne l'écouta pas et on ne voulut avoir aucun égard à ses réclamations ; la garde bourgeoise fit retourner sa charrette. J'étais désespérée de voir emmener mon père ; mes cris auraient attendri le cœur le plus dur, mais en affaire politique de parti, il n'existe aucun sentiment d'humanité, et la voix suppliante n'est pas écoutée. Cinquante personnes entourent la voiture et tiennent les guides des chevaux pour les faire marcher ; on nous conduisit au district..... Arrivés auprès des autorités, on dressa un procès-verbal de notre arrestation, motivée sur une voiture chargée de poudre de contravention. De la moindre chose on faisait une affaire importante ; tout paraissait suspect, on ne rêvait, ne parlait que de conspiration qui n'existait que dans les têtes. Les membres du district décidèrent dans leur sagesse que les tonneaux seraient mis en perce, pour vérifier ce qu'ils contenaient. Une dizaine d'hommes montèrent avec acharnement dans cette charrette, comme des voleurs qui attaquent une diligence sur une grande route, dans l'espoir d'y trouver un bon butin ; ils percèrent les tonneaux avec précipitation à vingt endroits différents, de manière que le tiers du cidre fut perdu. Assurés que cette voiture n'était nullement chargée de marchandises qui dussent servir aux ennemis, ils nous laissèrent partir. En m'en revenant à Creil, je commençais à penser qu'une révolution n'est pas toujours couleur de rose.

A notre retour, il était question de fédération (1). Un repas devait se faire en plein air pour célébrer la prise de la Bastille..... Quarante convives, dont mon père était, entourèrent la table. M. Maucomble, porte-drapeau, y plaça au milieu une espèce de château fait en pâtisserie, dans lequel étaient plusieurs oiseaux qui s'envolèrent aussitôt qu'on entama cet édifice, ce qui signifiait le symbole de la liberté. On data le nouvel an de ce jour 14 juillet 1790 ; on cria vive *la liberté* et jura d'être fidèle à la nation, à la loi et au roi.

(1) La Fédération fut une conséquence de la formation des municipalités, des gardes nationales et de la Grande Peur ; villes et villages songèrent à s'entendre pour s'assurer un mutuel secours et toutes les fédérations locales vinrent se fondre en une fédération nationale à Paris, le 14 juillet 1790.

Un bal champêtre eut lieu à la suite de ce repas. Je trouvais tout cela superbe, j'avais le cœur enivré de plaisir de voir cet élan patriotique ; j'étais transportée d'enthousiasme pour ces serments et la réunion qui les faisait ; je craignais ne rien voir d'aussi merveilleux à Paris ; j'avais presque le regret d'avoir manifesté le désir d'y aller.

Ce qui me fit prendre la résolution de partir est que mon père entra un jour dans une ferme. Il s'y faisait une vente à l'enchère ; le commissaire-priseur allait adjuger, lorsque mon père couvre l'enchère : vingt-deux cochons lui sont adjugés. Il ne savait qu'en faire et prit le parti de les mener à la foire de Pont-[Sainte-Maxence]. Il m'emmena avec lui, et me monta sur un âne ; nous voilà partis. Peu accoutumé à mener ce genre de bétail, il eut un mal effroyable pour les faire marcher. Arrivés à la moitié de notre chemin, il se trouve un petit ruisseau à passer ; impossible de le faire traverser par mon âne. Mon père, fatigué de l'avoir battu pour le faire avancer et furieux de colère contre lui de n'avoir pas réussi, se met sous son ventre et l'emporte sur son dos au-delà du ruisseau ; s'il n'eût prit ce parti, il eût fallu laisser l'âne en chemin. Nous achevâmes notre route et débarquâmes sous des arbres, endroit où se vendent les porcs ; mon père, probablement peu curieux de son nouveau genre de commerce, s'en alla en me disant de les vendre onze francs chaque si l'on m'en demandait à acheter, que le temps qu'il allait être absent serait de très courte durée. Ah ! il m'en est souvenu des maudits cochons ; j'en fus la gardienne toute la journée ; il ne revint que lorsque la foire était entièrement terminée. Je n'en avais pas vendu un et ne m'en étais pas même occupée, sinon que de courir après eux avec un bâton pour les faire revenir à leur place. Je voulais être marchande de bonnets piqués et non pas de porcs.

En arrivant chez ma mère, je lui dis que je ne voulais plus rester à la ferme et voulais absolument aller à Paris tout aussitôt que j'aurais fait me première communion, ce qui ne pouvait tarder, car je me préparais à la faire. Elle disposa ma parure, qui se composait d'un déshabillé de grosse indienne claire comme du canevas, une baigneuse de linon à jours et barbes tombantes que ma grand'mère m'avait donnée... lorsque nous lui portâmes certain panier de boudin. Bien que nous étions au vingt-cinq août, j'avais des bas de laine blancs, des souliers verts brodés de rose à hauts talons blancs que l'on m'avait encore achetés de hasard et beaucoup trop grands pour moi. Que j'étais contente le jour où je reçus ce sacrement, il fut un des plus beaux jours de ma vie !.....

Je ne pensais plus qu'à partir pour Paris et à y faire une fortune ; je regardais cela comme une chose faite. Mon père pria M. l'abbé Ameline d'écrire à sa nièce, pensionnaire chez une lingère de Paris, pour me trouver une place. Sa réponse fut que sa maîtresse d'apprentissage consentait à me prendre chez elle moyennant mon temps et douze cents francs ; c'était assurément plus que les moyens de mon père ne lui permettaient de faire, et il ne balança pas à s'y déterminer.

Avant de partir et pour dernière besogne que je fis à Creil, j'allai dans les champs avec des femmes de journée pour y ramasser des haricots qu'une quantité de pluie avait fait sortir de leurs cosses et tomber à terre. Nous les ramassâmes et les mîmes dans des hottes ; il me vint à l'idée de vouloir en rapporter une. Les femmes eurent beau me dire qu'elle était trop lourde, que je ne pourrais la porter, je n'en persistai pas moins à vouloir en essayer. Je ne l'eus pas plutôt sur le dos et fait quelques pas avec que je n'en pouvais plus et rompais dessous. Je priai les femmes de me l'ôter : « Tu l'as voulu, me dirent-elles, tu la porteras ». Je ne vis pas d'autre moyen à prendre pour ne pas être écrasée que de pencher la hotte sur le côté afin que les haricots en tombassent à terre, ce que je fis. Les femmes furent obligées de recommencer leur ouvrage, ce qui les mit en colère contre moi ; elles me dirent : « Tu ne resteras pas à Paris, tu es trop méchante, nous allons dire à ton père ce que tu viens de faire ». Elles ne manquèrent pas de le lui rapporter, mais il les blâma de ne m'avoir pas retiré cette hotte, ne trouva pas mauvais que j'eusse voulu la porter, disant que des enfants ne pouvaient juger que par expérience, qu'elles devaient me démontrer qu'elle était trop lourde pour moi au lieu de me le dire.

Tout était prêt pour mon départ pour Paris ; ma mère avait plus de chagrin que moi de notre séparation ; ce n'était pas chez moi ingratitude, mais je manquais d'expérience pour ressentir toute la force que doit avoir l'amour filial. Je lui fis mes adieux ainsi qu'à mon frère et à mes sœurs ; j'avais le cœur gros, mais je ne pleurais pas, j'étais trop contente de m'en aller à Paris. Mon père m'y conduisit lui-même dans une petite charrette recouverte par un drap. Les roues de cette carriole n'allaient pas assez vite ; je trouvais que douze lieues étaient prodigieusement longues à faire. Enfin nous arrivâmes ; je fis mon entrée par le faubourg Saint-Denis ; je ne le trouvai pas aussi beau que l'idée que je m'en étais faite ; nous y laissâmes notre équipage. Il nous fallut traverser une partie de Paris pour nous rendre rue Traversière-Saint-Honoré, où j'allais demeurer. J'étais étonnée de ne pas faire plus d'effet dans les rues ; je m'étais figurée devoir faire sensation à Paris comme quand quelqu'un arrivait à Creil avec une robe neuve; quelle différence je trouvais ! personne ne me regardait. Nous entrâmes chez Madame Amé, marchande lingère, chez laquelle j'allais demeurer avec Mademoiselle Ameline, à qui j'étais recommandée par son oncle. Mon père y resta deux heures pour prendre des arrangements relatifs à mon apprentissage. Que de réflexions pénibles commencèrent à assaillir mon cœur pendant ce temps ! Mon père allait me quitter, j'allais rester seule parmi des étrangers ; j'étouffais de chagrin quand il fallut lui faire mes adieux. Je ne pouvais plus retenir mes larmes ; lui-même détournait sa tête pour éviter que je visse les pleurs qui humectaient ses yeux. Je me mis sur la porte, je le conduisis de vue du plus loin que je pus, et courus après lui en l'appelant de toutes mes forces ; quoiqu'il m'entendît, il eut la fermeté de ne pas se retourner. On me ramena ; j'étais inconsolable de ce qu'il n'avait pas voulu me regarder ; Mademoiselle Ameline me fit entendre que c'était pour m'éviter le chagrin qu'eût causé un second adieu ; je la compris, cela diminua un peu l'amertume de ma douleur. Aucune séparation ne m'a été aussi sensible que celle-là.

J'employai en partie mon temps les quinze premiers jours à pleurer, regretter amèrement mes parents ; je tombai malade de chagrin d'en être séparée, mais j'avais pris la ferme résolution de rester à Paris, soit que je m'y ennuyasse ou que je fusse mal dans la maison où je me trouvais. Je priai donc ma maîtresse d'apprentissage de ne pas faire part à ma mère de ma petite maladie, de crainte qu'elle ne vienne me chercher. Madame Amé me fit mettre chez une garde-malade rue des Moineaux et me donna pour docteur Monsieur Bigot, que j'ai conservé comme tel pour moi et les miens pendant les trente-six ans que j'ai habité Paris. De suite, il me mit à la diète, force boisson, et m'empêcha de manger selon la manière de voir d'alors. C'était vouloir me faire mourir, aussi je ne fis ni l'un ni l'autre. Ma garde-malade était seule et obligée de sortir pour faire ses provisions ; je guettais ce moment pour me lever et couper un petit morceau de pain que je mangeais. Lorsqu'elle m'apportait une tasse de tisane, je la priais de la mettre sur la table près de moi, et la jetais aussitôt qu'elle avait le dos tourné ; pour la remplacer, je buvais autant d'eau que je pouvais m'en procurer. Impatientée de n'avoir que du pain sec et voyant sur la cheminée refroidir un plat d'une douzaine de pommes cuites, je les mangeai toutes et donnai vingt-quatre sous à ma garde-malade pour qu'elle n'en dît rien au médecin, ce qu'elle-même avait intérêt de taire. Je sortis de chez cette femme au bout de huit jours. Le régime que j'avais suivi chez elle ne m'avait pas été difficile à observer et je n'en fus pas plus malade ; aussi m'a-t-il servi pour ma gouverne à venir ; n'importe pour quelle incommodité que j'ai éprouvée, jamais je n'ai pris aucun médicament et personne n'a eu une meilleure santé que moi.....

Lorsque je sortis de chez ma garde-malade, je désirai écrire à mes parents. A peine si je savais former mes lettres et quelles étaient celles qu'il fallait employer pour former un mot. J'essayai et recommençai plusieurs lettres et fis partir la dernière, que Mademoiselle Ameline m'avait dictée; elle y mit l'adresse. J'avais remarqué qu'il y avait quelquefois des barres sur celles que recevait Madame Amé ; j'en fis deux en croix bien larges sur la mienne et je la mis à la poste. J'en attendis la réponse en vain ; j'en écrivis une seconde, et craignant que les grosses barres que j'avais mises sur ma première n'eussent pas été suffisantes pour parvenir, j'ajoutai sur cette deuxième deux numéros, pour imiter le timbre de la poste ; elle ne fut pas plus heureuse et resta dans le bureau de la poste. Mes parents, concevant des inquiétudes de ne pas recevoir de mes nouvelles, m'écrivirent pour en connaître la cause. Je ne pouvais comprendre pourquoi ils n'avaient pas reçu mes lettres. Je montrai à Madame Amé la grosseur des lettres et des numéros que j'avais mis sur les adresses ; elle se moqua de moi et m'expliqua pourquoi mes lettres n'étaient pas parvenues.....
Je priai Mademoiselle Ameline, personne de dix-sept ans, de me montrer à écrire et de m'apprendre l'orthographe ; elle s'y prêta de bonne grâce, mais malheureusement pour moi elle avait le caractère flemme et par conséquent tout l'opposé du mien. A la troisième leçon, ne comprenant rien à ce qu'elle me disait et m'impatientant de ce qu'elle ne me

l'expliquait pas assez, je pris le papier, l'écritoire et les jetai par terre. Elle ne s'en émut pas davantage. Ma fureur passée, je lui en demandai pardon, lui protestant que cela ne m'arriverait plus, mais je n'osai lui redemander des leçons d'écriture ; ainsi mon éducation fut terminée.

Nous étions cinq personnes chez Madame Amé, à qui l'on pouvait confier des demoiselles ; elle était bien faite pour les gouverner et leur inculquer de bons principes dans le cœur, et sortir de chez elle sans y avoir jamais entendu un mot équivoque ni inconvenant.

Je me suis toujours rappelé de Madame Léda, femme du pourvoyeur de la bouche du duc d'Orléans, qui avait deux demoiselles de quinze à seize ans très bien élevées, touchant du piano. Cette dame vint à la boutique de Madame Amé, se plaignant de l'une de ses demoiselles, disant qu'elle était haute et ne profitait pas des leçons de musique qu'on lui donnait et que, pour la punir et la rabaisser, elle la mettrait avec nous un mois seulement, mais en lui faisant croire qu'elle y resterait trois ans. Je n'avais pas d'usage, mais je n'en trouvais pas moins que ce fut peu honnête de la part de Madame Léda de dire devant nous qu'elle voulait rabaisser sa demoiselle en la mettant en apprentissage chez Madame Amé. Je me proposais bien, puisqu'elle serait la dernière arrivée, de ne pas la ménager pour lui faire faire des courses afin de la punir de l'impertinence de sa mère..... Elle profita sans doute des leçons de musique, car elle ne vint pas apprendre le commerce de lingerie..... Nous étions alors en 1793 et n'ai revu cette famille depuis ; mais je me rappelle parfaitement que Monsieur Léda perdit sa place de pourvoyeur lorsque le duc d'Orléans fut exécuté, et que par la suite il fut traiteur rue Sainte-Anne, et que Madame et ses demoiselles étaient dames de comptoir dans leur restaurant...

La conversation alors ne roulait que sur la révolution, ce qui n'était nullement amusant pour une jeune personne de treize ans. Je ne pouvais en être indemnisée par la nourriture, qui n'était pas très succulente. On mettait tous les dimanches huit à neuf livres de viande dans une espèce de marmite qui ressemblait en diminutif à celle des Invalides ;

c'était notre nourriture pour la semaine. J'allais chercher du pain au marché qui se tenait alors place du Palais-Royal ; il coûtait deux sous de moins sur les six livres que chez les boulangers. Madame Amé m'en faisait faire force provisions afin qu'il fût rassi ; il l'était tellement quelquefois qu'il moisissait. On nous en donnait à chacune un morceau pour nos déjeuners ; quand il arrivait qu'il était par trop moisi, mes compagnes me déterminaient à en redemander d'autre pour le donner aux pauvres. Cette double consommation le faisait disparaître plus vite et l'empêchait de moisir davantage. Heureusement que ma mère m'envoyait de temps à autre un petit pot de raisiné ou de beurre pour me faire oublier la sécheresse de mon pain.....

A cette époque mon père vint me voir ; cette surprise était de nature à me faire un plaisir extrême. Il m'emmena au paradis du Vaudeville. C'était la première fois que j'allais à la comédie..... La seconde pièce m'amusa beaucoup, c'était *Honorine ou la femme difficile à vivre*. Je ne sais encore si ce n'est par la raison que le premier spectacle que je vis fut le vaudeville, que je le préfère encore généralement à tous les autres, ainsi que la bonne comédie. Je trouve que ce genre de spectacle est dans notre nature, qu'il convient à nos mœurs, à notre caractère léger et gai. Il doit nous plaire, nous y voyons le tableau du genre humain, la vertu, les vices, les ridicules, les défauts du monde entier. Tout ce qui est dans la nature intéresse et amuse..... Je ne puis me persuader que l'on puisse s'amuser à voir la tragédie, que l'on admire avec enthousiasme la beauté des vers ; c'est juste que l'on écoute avec intérêt et admiration la déclamation d'un artiste..... ; c'est très bien ; mais que peut-on trouver d'amusant, d'intéressant et de naturel qui touche le cœur ou l'âme, dans le fond d'une tragédie dont toute l'intrigue ne roule que sur l'homicide, la parricide, le fratricide, l'inceste, les massacres, la conspiration, les trahisons, la haine, l'ambition, les guerres, la vengeance et les fureurs de la jalousie ? Car c'est assez généralement l'intérêt qu'offre le fond et le dénouement de ce genre d'ouvrages..... On dit que les Romains étaient des hommes à grand caractère ; ne pourrait-on ajouter aussi que généralement ils étaient féroces, dénaturés, fanatisés du mot de gloire et de patrie ; et ne pouvaient-ils aimer leur pays sans user de tous ces moyens sanguinaires et si éloignés de la nature pour le bien gouverner ? N'en est-il pas de même de quelques-uns de ces grands hommes que l'on nous met en scène dans les tragédies, comme de ces Jacobins de 1793, qui dans notre révolution avaient pour obtenir le pouvoir toujours le mot de liberté, égalité à la bouche, et la tyrannie dans le cœur, et qui, pour masquer leur but ambitieux, allaient au nom du peuple, qui n'a jamais remué de lui-même, ramasser, soudoyer, payer une troupe de canailles et les faisaient rassembler dans le faubourg Saint-Antoine ou celui Saint-Marceau pour leur faire opérer les émeutes, les massacres ou les mouvements qu'ils leur commandaient ?.....

Madame Amé avait cru reconnaître en moi de l'intelligence et de la curiosité ; elle me choisit parmi les demoiselles qu'elle avait pour m'envoyer écouter tout ce qui se disait dans les motions, à l'Assemblée nationale, au club des Jacobins, et les dénonciations qui se faisaient le soir dans les églises. J'étais aussi chargée d'aller écouter les proclamations. Si l'on battait la générale, j'y courais savoir le pourquoi. Je devais aussi aller voir juger au tribunal révolutionnaire et passer les guillotinés rue Saint-Honoré. Il n'y avait qu'une portée de fusil à faire de notre porte pour les voir passer, aussi je n'en manquais pas un. J'avais la consigne expresse de ne jamais souffler un mot, dehors, ce que je faisais bien exactement ; je rapportais ce que j'avais entendu dire dans les tumultes, et pour rendre mon emploi plus intéressant, j'amplifiais quelquefois les événements, ce qui était inutile, car la vérité était bien suffisante pour émouvoir et consterner de douleur l'être le plus insensible.....

La première mission importante dont je fus chargée fut d'aller voir Louis seize et sa famille à leur retour de Varennes, où il fut arrêté le 22 juin 1791. Ils firent leur rentrée à Paris dans une voiture qui entra dans les Tuileries par la place de la Révolution. La troupe qui escortait leur voiture portait le canon de leur fusil en bas comme lorsqu'ils vont à l'enterrement de quelqu'un ; on ne savait pourquoi. Monsieur Lafayette, qui la commandait et qui était près de cette voiture, les laissait ainsi porter leurs armes et souffrait que la canaille jetât à travers des vitres de la calèche du Roi des poignées de sable et cailloux qu'ils ramassaient dans les Tuileries, en l'injuriant, comme cela se pratique par la canaille quand elle est bien payée. Il eût été si facile à Monsieur Lafayette, s'il l'eût voulu, de faire respecter la famille royale ; alors la Nation ne pensait et ne voyait que par lui.

Il fut chargé par la Convention (1) de la garde de la famille royale au château des Tuileries. Une partie des habitants de Paris se portèrent en foule autour pour écouter les motions qui s'y faisaient. J'y allai avec la même intention et trouvai pour toute garde une faveur qui entourait les Tuileries ; on nommait cela le cordon national. Pas une âme n'était dans le jardin. Ce ruban était placé pour engager le peuple à ne pas entrer dans l'enceinte où était la peste, l'ennemi de la liberté. Le croira-t-on ? cette faveur fut respectée par le peuple pendant cinq jours. Pas un être ne força cette barrière qui n'était surveillée par qui que ce fût et qu'on pouvait franchir par dessus dessous à volonté. Et on dira que le peuple, s'il n'est stimulé pour faire telle ou telle chose que l'on lui commandera, il le fera de lui-même ? jamais l'on ne le croira après cet exemple de soumission qu'il a donné. Quoi ! dira-t-on, le peuple de la capitale se porta en foule vers l'enceinte des Tuileries et a respecté un liseré qui les entourait et que l'on a ôté parce que cette multitude l'avait abandonné ! C'est ce que l'on aura peine à croire, et rien n'est plus vrai, je l'ai vu. Les commandeurs de ce talisman avaient eu la prévoyance de faire placer de distance en distance des marchands de chansons patriotiques, dans lesquelles et pour la première fois depuis la révolution on parlait république et disait tout ce qu'il y a de plus inconvenant du roi et de la reine. Des gens payés en répétaient les refrains pour influencer le peuple qui, sans remuer de lui-

---

(1) L'Assemblée constituante.

même, est très facile à se laisser entraîner ou persuader.....

A dater de cette époque jusqu'au 28 juillet 1794 qu'arriva la culbute de Robespierre, il ne s'est presque pas passé de jour sans agitation, ou que le sang n'eût coulé, soit celui des aristocrates, des modérés, des suspects ou des républicains ; tous y passaient chacun à leur tour.

Des hommes, payés par le duc d'Orléans dit l'Egalité, disait-on, portèrent de boutique en boutique une pétition qu'il fallait signer, qui demandait la mise en jugement de Louis seize. Ils vinrent chez nous ; heureusement Monsieur Amé ne s'y trouvait pas, car dans la crainte d'être signalé comme aristocrate et d'être proscrit, il eût été forcé de faire cette action qui eût répugné à son cœur. Le mari de la revendeuse de légumes qui se mettait à notre porte signa cette pétition. Cette demande de la mise en jugement du roi jeta les esprits dans une agitation continuelle. De crainte que les factions ne massacrent la famille royale, ces hommes révolutionnaires parlèrent de faire la loi agraire ; ils firent publier la loi martiale, déployèrent le drapeau rouge et [firent] battre la générale. L'Assemblée Nationale rendait décret sur décret, l'un pour séquestrer les biens des princes français, un autre pour la déportation des ecclésiastiques qui n'avaient pas voulu jurer fidélité à la constitution. On pillait les marchands épiciers de Paris, on massacrait, dénonçait, arrêtait....., la désorganisation était ce qui s'appelle complète.

Ce fut dans ce temps que la canaille vint en masse, armée de piques, au château des Tuileries (1), menaçant d'enfoncer les portes si le roi ne lui faisait ouvrir. Quelle terreur inspiraient tous ces sans-culottes, beuglant des imprécations infâmes contre quiconque ne criait pas comme eux !..... Les promoteurs de ces rassemblements les avaient fait remuer et marcher sur le château sous le prétexte que le roi avait mis son veto aux deux décrets ci-dessus. Arrivés au palais, le monarque leur en fit ouvrir les portes et leur dit que l'Assemblée Nationale lui en avait donné le droit. Cette

---

(1) Journée du 20 juin 1792.

réponse leur en imposa. Ils firent trinquer et boire le roi à la santé du peuple et se retirèrent du château sans y avoir fait beaucoup de dégâts. Cette démarche ne pouvait remplir le but des meneurs ; aussi depuis ce jour on craignait l'explosion d'une conspiration formidable méditée par ces révolutionnaires et qui devait éclater contre la garde du roi et tous ceux qui habitaient le palais des Tuileries. Les maisons garnies du centre de Paris et particulièrement les rues adjacentes du château étaient encombrées d'hommes habillés de carmagnoles. Ils avaient des ceintures rouges comme les mariniers et de grands chapeaux à trois cornes qu'ils portaient à la crâne. Ils se disaient arrivés du Midi et juraient d'exterminer les royalistes. Le roi, ayant eu connaissance de cette conspiration, fit venir des Suisses pour renforcer sa garde. Lorsque ces hommes vêtus de carmagnoles rencontraient des Suisses dans les rues, ils se livraient un défi des yeux entre eux comme pour se dire : à demain, je ne te manquerai pas. Depuis dix jours, le public de Paris savait que les Marseillais n'attendaient que l'ordre de ceux qui les avaient fait venir pour en venir aux prises et s'entr'égorger avec les personnes du château.....

Je demeurais rue Traversière, très près celle Saint-Honoré ; je me trouvais au centre des événements et à proximité de tout voir. Il y avait alors un marché assez considérable dans la rue ; je parle de l'époque du 10 août 1792 (1). Dès huit heures du matin on entendit battre la générale, le tocsin d'alarme sonnait, on criait aux armes, chacun courait les prendre dans leur district. Une espèce de patrouille armée de piques et de sabres ensanglantés dont ils donnaient des coups dans nos carreaux [criaient] : fermez vos boutiques. Ils portaient au bout de leur pique une tête encore saignante qu'ils venaient de couper à un homme qui soi-disant faisait partie d'une fausse patrouille qu'ils avaient rencontrée dans les Champs-Elysées ; ils la penchaient de droite et de gauche pour la faire baiser aux passants.

---

(1) Journée du 10 août 1792,

En moins de trois minutes, les boutiques furent fermées et la rue évacuée. Nous demeurions au premier et en face de notre boutique ; il y avait des jalousies aux croisées à travers desquelles nous pouvions voir et entendre le canon que l'on tirait place du Carrousel et qui ronfla pendant quatre heures sans discontinuer. Les patrouilles des sections, lorsqu'il venait un hourra, couraient et « raccouraient » sans savoir où elles allaient. Dans les rues on massacrait les hommes et les Suisses qui se sauvaient du château des Tuileries. Combien d'horreurs je me rappelle avoir vues à travers la jalousie ! entre autres, trois sans-culottes tenant un grand bel homme par le collet de sa redingote ; ce malheureux leur disait : « Conduisez-moi à la section » ; ce qu'ils refusaient de faire. Cet homme chercha à se débarrasser de leurs griffes en laissant glisser les manches de sa redingote de ses bras ; il n'en fallut pas davantage pour qu'il fût assommé ; ils lui portèrent un coup de crosse de fusil sur le front et achevèrent de le tuer. Ils lui prirent sa montre, ses vêtements et le laissèrent nu. Il faut que j'avoue à regret et à la honte de notre sexe, qui doit avoir le cœur plus tendre que celui masculin, qu'il n'en a pas donné la preuve. J'ai vu au moins quinze femmes, les unes après les autres, monter sur le cadavre de cette victime dont les entrailles sortaient de toutes parts, disant qu'elles éprouvaient du plaisir à fouler l'aristocratie sous leurs pieds. Ce genre de massacre dura six heures, pendant lesquelles aucun cadavre ne fut enlevé. Il suffisait ce jour dans ce quartier d'avoir l'air empressé pour se soustraire à ce vacarme, et d'être un peu proprement vêtu, pour être soupçonné d'aristocratie et être arrêté, assassiné et ensuite volé.

Vers les deux heures de l'après-midi, le calme commençait à renaître ; Madame Amé m'envoya, et je ne demandais pas mieux, dans les environs des Tuileries pour savoir ce qui s'y passait. Au milieu de la rue de l'Echelle étaient environ trois cents cadavres. Les révolutionnaires étaient dans le château et en cassaient les vitres, jetaient des paquets par les croisées et des hommes qu'ils avaient assommés ; ils volaient, pillaient. Dans ce palais c'était un désordre épouvantable. Le roi et sa famille s'étaient réfugiés dans le sein des représentants de la Nation. Ne me trouvant pas trop en sûreté parmi tout ce tumulte, je m'en retournai par le cul-de-sac Dauphin (1) ; j'entre dans l'église Saint-Roch que l'on avait prise pour déblayer les rues des cadavres ; la quantité qu'il y avait me fit tressaillir de terreur. Je revins par la rue Saint-Honoré, dans laquelle étaient encore des morts épars, entre autres un que les révolutionnaires mettaient debout contre la porte d'une lingère et lui fourraient de la boue dans la bouche. Assurément ce ne fut pas le peuple qui assomma, assassina ce jour-là. Rien ne peut donner plus de preuves qu'il ne prend fait et cause d'aucun parti politique et sanguinaire s'il n'est stimulé et payé pour cela, que les traits d'humanité dont il a donné tant de preuves dans cette journée. Pas un des Suisses qui parvint à s'évader des Tuileries, soit en retournant son habit ou en le jetant pour ne pas être reconnu des sans-culottes, ne périt en se réfugiant dans la première porte cochère ou allée qui se trouvait ouverte pour y demander l'hospitalité !..... Un de ces malheureux Suisses se précipita dans la loge d'un portier, rue Saint-Honoré ; les mains jointes, il lui dit : « Sauvez-moi ». Ce portier aussitôt le fit entrer dans sa soupente et fourrer dans son lit. Les assommeurs à sa poursuite entrent comme des furibonds dans la maison où ils l'ont vu se réfugier ; ne supposant pas qu'il pût y avoir à la loge un homme assez humain pour sauver son semblable, ils montèrent dans les appartements pour y trouver leur proie. Et lorsqu'ils furent partis, ce portier avec son tranchet rasa les moustaches du Suisse, le recouvrit de son bonnet de police, lui mit son tablier de savetier, l'alène, le tirant en main, et l'installa chez lui son compagnon jusqu'à ce qu'il n'y eût plus de danger pour les jours de son réfugié. Un autre jeune Suisse se sauvait rue Sainte-Anne et entre dans la première porte qu'il trouva ouverte ; c'était une cuisine. « Je suis perdu », s'écrie-t-il, en s'adressant au cuisinier. — « Pas encore », lui répond celui-ci, qui pendant ce temps

---

(1) Rue de la Convention.

et avec la rapidité de l'éclair lui fit mettre une veste, un bonnet de coton et un tablier et voit à travers ses carreaux les révolutionnaires venir. Il installe le Suisse dans la cheminée de sa cuisine et lui fait tourner la broche avec défense expresse de ne s'occuper que de sa broche et de ne regarder autre chose que la plaque de la cheminée. Et aussitôt ce cuisinier se met à crier, casser, jurer après son soi-disant neveu qui tournait la broche, que c'était un maladroit qui arrivait de sa province dont il ne ferait jamais rien et qui lui cassait tout. Pendant ce tintamare, les sans-culottes étaient entrés dans sa cuisine, il n'en continuait pas moins ses jurons et les redoublait, tout en donnant la goutte à ces révolutionnaires, qui lui disent : « Allons, patience, mon brave, c'est encore jeune, ça se formera ». Ce dialogue, les jurons du cuisinier, déroutèrent complètement ces jacobins et leur firent prendre le change.....

Les traits d'humanité, de dévouement et d'élan que donna le peuple ce jour de carnage seraient difficiles à rapporter et peuvent donner des preuves que son cœur n'est pour rien dans toutes les émeutes révolutionnaires que l'on veut lui prêter. Il faut que des conspirateurs riches à millions le soudoient, lui égarent la tête pour le porter aux scènes sanguinaires qui ont eu lieu dans les révolutions. car le portier, le cuisinier..... dont je viens de parler sont bien de la classe du peuple et peuvent donner une juste idée de ce qu'il est quand il n'est pas entraîné, ni soudoyé !

A la suite de ce dix août, il se fit des rassemblements dans lesquels je me fourrais pour écouter les motions. Je ne disais pas ouf ! Bien d'autres avec plus d'expérience faisaient comme moi dans la crainte d'être arrêtés. Les hommes qui y péroraient étaient généralement des espèces de gueux. Il était question dans ces motions de dénonciation, arrestation et incarcération des nobles, des aristocrates et des ecclésiastiques dont on remplissait chaque jour les prisons. Et on y disait que tant que le roi existerait, il ne pourrait y avoir de bonheur et de tranquillité à espérer pour la patrie, qu'il fallait purger le sol de la France de tous les aristocrates. On chantait des chansons républicaines pour exciter le peuple à admirer les hauts faits des Romains ; les Jacobins abattaient les statues des rois ; ils mirent la corde au cou de celle de Henri quatre ; j'ai vu David, peintre, avec ces Jacobins pour l'abattre. Il était aussi question dans les motions de troupes ennemies qui entraient sur le territoire français, et de partir en masse pour les repousser, mais qu'avant d'aller combattre pour la liberté, il fallait se défaire des aristocrates enfermés dans les prisons ; que si on ne les assommait, ils enfonceraient les portes et viendraient égorger leurs femmes et leurs enfants pendant qu'ils combattraient pour la patrie.

Le 30 août, Tallien dit en pleine assemblée : « Sous peu de jours, nous serons débarrassés de tous ces royalistes ». Il ne se trompait pas, car deux jours après le massacre en était commencé (1). On assura le peuple crédule que les prisonniers avaient des images et des petits christs pour se faire reconnaître lorsqu'ils se présenteraient dans les maisons, et que si les personnes qui les habitaient n'en étaient pas munies comme eux, elles seraient tuées à l'instant même. Le public, étourdi, fatigué de tous ces propos, ne sachant à quoi s'arrêter, resta dans une espèce de stupidité sans prendre aucun parti. Il se laissa aller par le torrent. Chacun tremblait pour son compte particulier. Tout comme les autres, je me mourais de peur que l'on ne laissât évader ces royalistes de leur prison et qu'ils ne vinssent me couper le cou parce que je n'aurais pas d'image à leur montrer. Ainsi arriva le massacre du deux septembre 1792. Tout en en frémissant d'horreur, on le regardait comme une action presque juste ; pendant qu'il se faisait, on n'en vaquait pas moins à ses affaires habituellles.

Madame Amé m'envoya porter des bonnets ronds à faire rentoiler chez une ouvrière faubourg Saint-Jacques. En sortant de son allée, je vis venir six charrettes qui me firent l'effet d'être chargées de veaux vivants. Je remarquai que les passants les regardaient avec effroi, j'avance et vois que

_________

(1) Massacres de septembre 1792.

c'étaient des hommes et des femmes que l'on venait d'assommer et dont les membres étaient encore flexibles parce qu'ils n'étaient pas encore refroidis, de sorte que la jambe de l'un dépassait de la charrette, de l'autre côté le bras ou la tête. C'est de toutes les horreurs de la révolution, la plus grande que j'ai éprouvée que de voir ces victimes dans un tel état. Une poignée de paille ne couvrait pas le quart de leurs corps et laissait voir leurs plaies dont le sang coulait en assez grande abondance pour faire un léger ruisseau que je suivais à la trace jusqu'au pont Marie, sur lequel on avait mis ces massacrés pour en déblayer l'encombrement d'une des prisons où les jacobins faisaient assommer. Il y en avait encore à peu près deux cents tout habillés sur ce pont, que quatre hommes à moitié ivres gardaient..... Je vois encore ces hommes couverts de sang et surtout un bien maigre, pâle, qui avait le nez effilé, pincé et pointu..... Ce monstre vint parler à un homme de sa connaissance faisant partie des curieux qui regardaient comme moi le dépôt des massacrés et lui dit en lui désignant un massacré : « Vois-tu ce coquin de prêtre sur ce tas ? » Il le quitte pour prendre et mettre cet ecclésiastique debout, mais le corps encore chaud ne pouvait se tenir raide ; il le soutint en lui donnant des soufflets et disant : « J'ai eu assez de mal à le tuer le scélérat ; il était temps qu'il le fût, car il a de faux assignats dans ses poches et devait les faire signer pour les mettre en émission ». Il accompagnait cette harangue de jurons patriotiques, croyant sans doute par là justifier son crime, qu'il regardait comme devoir mériter la couronne civique et une mention honorable de la part de l'Assemblée Nationale... Celui-ci avait une bouteille d'eau-de-vie et en proposa un petit verre à la personne à laquelle il venait de parler et qui le lui refusa : « Crains-tu, lui dit-il, qu'elle ne te fasse mal en la buvant à la santé d'un bon patriote comme moi ? Veux-tu que je te donne une preuve de mon patriotisme » ? Aussitôt il prend deux ou trois gouttes de sang des massacrés qu'il mêle à l'eau-de-vie dans un petit verre et la boit à la santé des amis de la liberté !

On aura peine à croire que l'Assemblée Nationale laissa

assommer sept à neuf mille prisonniers (1) arrêtés comme prévenus d'aristocratie et sans avoir subi aucun jugement et à qui on ne pouvait supposer d'autre tort que celui d'être royalistes. Elle fit plus, elle récompensa les auteurs de ces meurtres (2). Ce que la postérité refusera de croire, c'est qu'il n'y avait pas plus de vingt assommeurs dans chaque prison, qui exterminèrent quatre jours consécutifs..... Huit ou dix hommes étaient dans une avant-pièce autour d'une table chargée de comestibles. J'ai vu celle de la Force que l'on appelle la Pistole ; c'est l'endroit où un avocat peut s'entretenir avec son client prisonnier dont il s'est chargé de la défense. Les jacobins faisaient passer les prisonniers dans cette pièce..... Six ou huit de ces assommeurs munis d'armes tranchantes, de bâtons et de massues étaient apostés en dehors de chaque côté de la porte par où on faisait sortir ces prisonniers pour les assommer. Ces malheureux, qui n'étaient pas prévenus du sort affreux qui les attendait, jetaient des cris épouvantables en appelant à leur secours, ce qui divertissait et faisait rire leurs assassins.

La princesse de Lamballe, femme si vertueuse, éprouva le même sort ; les assommeurs, après l'avoir tuée de la manière la plus indécente pour la pudeur d'une femme, lui coupèrent la tête qu'ils mirent au bout d'une pique et la promenèrent dans les rues de Paris, ainsi que son corps traîné sur une claie. Je l'ai vu présenter dans cet état par ses assommeurs à l'Hôtel Penthièvre, maintenant Banque de France (3).....

[On reparlait] de faire mettre le roi en jugement ; les personnes de bien n'y pouvaient croire et regardaient cette proposition comme une fable qui ne pouvait avoir lieu ; mais trois cents révolutionnaires qui gouvernaient toute la France avaient décidé sa condamnation ; elle fut prononcée

----

(1) Un millier, d'après les historiens.

(2) C'est à la *Commune* qu'incombe la responsabilité des massacres de Septembre.

(3) C'était l'hôtel du comte de Toulouse, appartenant alors à son fils le duc de Penthièvre, beau-père de la princesse de Lamballe.

au sein de la Convention Nationale à la majorité de cinq voix (1). La moitié des voteurs à mort l'ont fait par peur, et contre leur conscience. L'homme qui accepte la dignité de représentant du peuple doit s'en rendre digne par ses actions en discutant ce qui lui paraît arbitraire à sa conscience et à ses opinions ; dût-il périr dans la lutte, il ne doit pas céder. L'état le plus honorable est celui d'être homme de bien, et un homme de bien n'a pu voter la mort contre sa conscience, sans cesser de l'être. On doit plus de respect à celui qui est aveuglé, fanatisé par ses opinions politiques qui l'ont porté de bonne foi à voter la mort du roi, que l'on ne doit d'indulgence pour celui qui y donna son consentement par pusillanimité et contre ses principes..... Le public honnête ne dormit pas la nuit du jeudi qui précéda le 21 janvier 1793..... Ce vendredi, jour si fatal pour les Français, on eût cru que le temps était couvert d'un crêpe gris qui jetait un reflet lugubre sur Paris comme pour annoncer un deuil, de nouveaux malheurs qui menaçaient la France. Ce brouillard suspendu à très peu de hauteur n'empêchait pas de distinguer à une assez grande distance et de voir la douleur peinte sur le peu de figures que l'on rencontrait dans les rues. Jamais les habitants de la capitale ne montrèrent plus d'abattement. Ils éprouvaient un désespoir concentré, et étaient tellement persuadés que Louis seize ne pouvait périr par la main du bourreau, que Madame Amé m'envoya à la porte Saint-Denis, par où devait passer le roi pour aller place de la Révolution, afin que je puisse savoir à quel endroit de Paris on demanderait sa grâce. Les cafés de l'intérieur de Paris étaient encombrés d'hommes et particulièrement ceux du Perron (2), qui attendaient pour prêter main forte au premier signal qui dût annoncer que l'on voulût sauver le roi ; mais il n'y en eut aucun ; ce qui a prouvé que le parti royaliste n'avait pas de point de ralliement pour être maître du petit nombre de jacobins qui tenaient le pouvoir. Je vis

---

(1) Votants, 721. Majorité absolue, 361. Pour la mort sans condition, 387.

(2) Passage du Perron.

le roi passer au boulevard Bonne-Nouvelle ou plutôt son fiacre, tellement masqué et cerné par des hommes à cheval habillés en gendarmes, qu'à peine si l'on pouvait le voir. Il y en avait un de chaque côté de la portière, que l'on eût cru y être collés tant ils en étaient près. C'étaient, disait-on, deux des députés les plus révolutionnaires et munis d'une arme pour poignarder le Roi si l'on eût fait le moindre mouvement pour le sauver. Arrivé sur l'échafaud, il voulut parler au peuple, mais Santerre, qui commandait la troupe, fit faire un roulement de tambour qui étouffa sa voix, et il fut exécuté..... Le peuple se jetait sous l'échafaud pour éponger le sang qui coulait avec leur mouchoir ou une partie de leur chemise qu'ils déchiraient pour ramasser le reste du vertueux Louis seize.....

[Les jacobins] firent arrêter le général Custine (1), homme de mérite et dont les opinions étaient en harmonie avec le beau de la Révolution. Sa femme et ses enfants assistèrent à son jugement. Je n'ai jamais vu d'accusé se défendre avec plus de calme et de précision. Il faisait ses réponses, les pièces justificatives en main, et n'en fut pas moins condamné à mort. Il écouta la sentence avec calme et alla au supplice avec dignité. La canaille payée par les jacobins l'injuria jusqu'à l'échafaud en lui jetant de la boue, des pierres et des trognons de choux dans la figure et lui criait : « marchand de savon et de chandelles, etc., etc. ». N'ayant pas très bien compris l'acte d'accusation de sa mise en jugement, je demandai à Madame Amé pourquoi on l'appelait marchand de savon. La réponse qu'elle me fit prouve combien le peuple est crédule et facile à se laisser influencer : « C'est, me dit-elle, que l'on accuse le général Custine d'avoir fait des réquisitions de denrées et de comestibles dans des départements pour en laisser manquer à Paris. Et comme effectivement il y en a disette, le peuple l'accuse d'en être l'auteur ». Le fait est que le gouvernement d'alors, toujours imprévoyant, avait mis le maximum sur les

---

(1) Né à Metz (Moselle) le 4 février 1740, exécuté à Paris le 28 août 1793.

denrées et comestibles. Les cultivateurs et les industriels, qui se souciaient peu de porter à Paris leurs marchandises pour les deux tiers de leur valeur, n'y vinrent plus, de sorte qu'il y avait grande disette dans la capitale..... Mais il fallait une victime au gouvernement révolutionnaire ; ..... il prit. le général Custine, qu'il fît guillotiner, et la disette n'en continua pas moins ; mais le peuple était satisfait.

[Il] allait le soir au club dans les églises que souvent les Marat, les Robespierre honoraient de leur présence. Madame Amé m'envoyait écouter l'orateur, soit garçon cordonnier ou tailleur, monté sur l'autel pour y déclamer sa proposition. Plus elle était absurde et immorale, plus et mieux elle était accueillie des membres qui faisaient partie du club. Souvent les motions avaient le but d'engager les domestiques à venir dénoncer leurs maîtres s'ils étaient aristocrates ; la récompense promise était de cent francs..... [On faisait aussi la motion] de faire le partage des biens en parties égales pour tous les Français. C'est dans ces clubs que pour la première fois on exigea que l'on s'appelât citoyen ou républicain, et que l'on se tutoyât. Il arrivait souvent par la force de l'habitude de dire monsieur ; si c'était à un jacobin à qui l'on parlait, il s'en formalisait et vous répondait : « Monsieur, c'est mon chien ; il est à Coblence ». Les femmes ne pouvaient sortir sans cocarde tricolore. Nous en avions une permanente à la maison que ces demoiselles et moi attachions à notre bonnet ou à la bavette de notre tablier lorsque nous allions faire des courses.....

La disette pour le pain, la viande, les œufs et le beurre allait toujours croissant. On donnait des cartes au district pour la ration, qui était de deux onces de pain par jour et une once de viande pour chaque personne. Ces cartes étaient imprimées ; le commissaire de police coupait les coupons chez le boulanger ou le boucher toutes les fois que l'on faisait la distribution des vivres. Il ne faut pas croire que l'on pouvait recevoir ces portions à toute heure de la journée ; il fallait, pour être à peu près sûr de l'avoir, aller à une heure du matin et quelquefois la veille retenir son tour et garder sa place à la porte des « distribuants » jusqu'à dix et onze heures du matin, moment où l'on faisait ces distributions. La même personne ne pouvait supporter une telle fatigue ; nous étions trois chez madame Amé pour nous relayer chacune à notre tour..... Les patients étalaient près du mur du boulanger des bottes de paille, s'y couchaient et dormaient en attendant le moment où ils devaient recevoir leurs rations. Pourra-t-on croire que malgré cette grande disette de pain, qu'une partie de ce monde se détachait de cette queue en recommandant leur place à celui qui restait pour la garder, et se mettait à danser, chanter et jouer à toutes espèces de jeux ! Que faut-il donc aux Français qui puisse les atteindre au point de les empêcher de rire et de s'amuser ? On pouvait se dispenser d'avoir des troupes républicaines pour garder la capitale ; elle était suffisamment peuplée la nuit par la quantité de monde qui faisait queue.....

J'augmentais le nombre des patients à la porte d'un boulanger lorsqu'on annonça que l'abject Marat venait d'être assassiné par Charlotte Corday ; cette nouvelle répandit un rayon d'espérance. On pensa un moment pouvoir être débarrassé de ses acolytes, mais ils se réunirent et jurèrent d'être les vengeurs de l'un des martyrs de la liberté. Robespierre et les siens exposèrent leur moribond dégoûtant sur un lit de parade et le perchèrent sur le faîte d'un char à la romaine, décoré par des draperies couvertes de couronnes de laurier, et le firent traîner plusieurs jours dans les rues de Paris par des bœufs caparaçonnés et conduits par des hommes revêtus du costume romain. Ce char était tellement haut que l'on fut forcé de relever les reverbères sur le Pont-Neuf, où j'étais pour le voir conduire au Panthéon (1).

Charlotte Corday avait été arrêtée et conduite devant le tribunal révolutionnaire. Elle montra autant de calme dans ses réponses à son interrogatoire qu'elle avait mis de sang-froid à assassiner Marat. On lui demanda si elle n'avait pas

(1) Marat fut assassiné le 13 juillet 1793. Il ne fut conduit au Panthéon que le 21 septembre 1794. Les faits relatés par Marie-Victoire ne sont pas toujours dans l'ordre chronologique.

eu pour complice un ecclésiastique vicaire à Saint-Roch ;
elle répondit avec un léger sourire sardonique, qui annonçait
le mépris que lui inspirait le membre révolutionnaire qui la
lui faisait, qu'elle n'avait eu besoin de personne pour débarrasser sa patrie du monstre qui en causait la ruine. Elle fut
condamnée à mort et écouta sa condamnation sans que ses
traits en souffrissent la moindre altération, et alla de même
au supplice. Il est difficile d'avoir une figure qui ait plus de
modestie que n'avait la sienne ; son teint pour la fraîcheur
était celui de la rose qui commence à s'épanouir ; le manteau
de serge rouge qui couvrait ses épaules laissait voir à décou-
vert en partie sa belle poitrine et la blancheur de sa peau ;
sa pudeur dut en souffrir. Elle arriva au supplice sans que
les injures de la canaille aient pu la déconcerter.....

Un décret juste, que la Convention Nationale a rendu
parmi ceux désastreux, fut celui qui supprima la dîme des
grains. Mon père avait un bail des moines pour celle du
canton de Creil (1), et par cette suppression il se trouva sans
emploi. Ma grand'mère maternelle, pour le faciliter à s'en
procurer un, lui avança six mille francs, avec lesquels il
acheta une maison et monta une diligence pour amener lui-
même des voyageurs à Paris et en ramener à Creil (2). Rien
ne pouvait être comparé au plaisir dont j'allais jouir en
voyant mon père aussi souvent que Madame Amé voudrait
bien me le permettre. Il se chargeait de transport et commission de paquets qu'il faisait tenir à leur adresse à Paris. Je
me chargeais souvent de petits paquets, plus que je n'en
pouvais porter, mais aussi mon père me laissait le prix du
transport et celui de la commission que reçoit ordinairement
le commissionnaire pour sa peine. Ces courses m'attardaient,

---

(1) Voir *Histoire de Creil*, le Chapitre de Saint-Evremond, Le Tem-
porel, p. 452.

(2) Les annuaires de l'époque signalent une « guinguette » partant de
Creil pour Paris, les lundi, mercredi et vendredi à sept heures du
matin et y retournant les mardi, jeudi et samedi ; logeant à Paris, au
Lion d'Argent, faubourg Saint-Denis. Prix : 3 liv. 10 s. Il s'agit probablement de la diligence du père de Marie-Victoire, qui s'arrêtait près
de la porte Saint-Denis, comme il est dit plus loin.

et en rentrant j'étais rouge comme une écrevisse à force d'être « raccourue » vite pour ne pas être grondée par Madame Amé, à qui Mademoiselle Ameline racontait en cachette et dans mon intérêt la cause de ma rougeur. Elle avait la bonté de ne pas s'en apercevoir..... Je lui en savais un gré infini..... Elle savait que mon père n'avait pas de fortune et que le produit de ces petites commissions me mettaient à même de faire l'emplette de différents objets utiles à mon usage.....

Alors, il y avait deux ans que j'habitais Paris sans être retournée dans mon pays, que je désirais ardemment revoir. A force de prier auprès de mon père et de Madame Amé, j'obtins la permission d'y aller passer huit jours. Un roi qui monte dans sa voiture pour aller se faire sacrer n'éprouve pas le plaisir réel que je ressentis dans la diligence de mon père. J'avais quatorze ans, j'allais revoir ma famille et mon pays, j'étais ivre de joie. L'absence m'avait donné le temps d'apprécier les bontés qu'avaient eues ma mère pour moi et que je n'avais pu retrouver chez des étrangers. En apercevant le clocher de Creil, mon cœur battait..... Les deux années que j'avais passées à la capitale m'avaient donné un certain air d'habitante des villes qui me valut une petite considération de la part de mes anciennes compagnes. Je n'étais pas fâchée de les entendre dire : « Comme Victoire est changée, comme elle a de beaux falbalas, c'est une demoiselle à présent ». Cela flattait mon petit amour-propre, et pour que ma vanité fût entièrement satisfaite, je leur dis qu'à Paris on m'appelait Mademoiselle Monnard et non pas Victoire.

Mes parents allaient faire bâtir une grange ; ils m'en firent poser la première pierre ; cette marque de déférence me flatta. Une autre encore m'était réservée ; je devais être la marraine d'un enfant dont ma mère devait accoucher pendant mon séjour à Creil. Le temps que Madame Amé m'avait accordé pour y rester expiré, il me fallut partir sans avoir été la marraine de mon deuxième frère, dont ma mère accoucha le 16 octobre 1793, jour où la reine Marie-Antoinette fut guillotinée.....

La multiplicité de ce genre de crimes se commettant chaque jour épuisait la sensibilité. Les victimes de la Révolution étaient de cinquante à soixante dans des charrettes à la file l'une de l'autre. Elles passaient chaque jour pour aller au supplice rue Saint-Honoré. On n'en travaillait et n'en vendait pas moins dans les boutiques au moment et devant lesquelles elles passaient, sans souvent tourner la tête pour les voir ou les éviter. Elles n'inspiraient qu'une tendre compassion, la plupart criaient : Vive le roi ; ou la République ! J'ai vu une de ces victimes passant rue Saint-Honoré envoyer des baisers à une jolie femme qu'il remarqua à un balcon, ce qui porta les regards· et fixa l'attention de ses compagnons d'infortune, qui de même que lui envoyèrent des baisers à la jolie femme..... Ce qu'il y avait de plus barbare dans ces exécutions, qui se faisaient place de la Révolution et qui duraient une heure ou deux selon le nombre de têtes qu'il fallait couper, est que ces condamnés étaient forcés d'attendre leur tour sur la place et d'y entendre l'instrument trancher quelquefois la tête de leurs amis ou celle de leur père ou bien de leur fils.....

On ne savait plus que gémir intérieurement et se taire ; l'effervescence de la Révolution était à son comble et donnait une espèce de vertige aux têtes chaudes. L'exagération des opinions politiques et le fanatisme des religions rendaient insensibles, égaraient le cœur et l'esprit et portaient à commettre des crimes envers ceux qui ne voyaient pas comme eux. L'imagination de ces cerveaux brûlés était tellement égarée que sans pitié ils dénonçaient leurs amis. ou ceux de leur famille comme étant aristocrates.....

A travers tous ces troubles, les trois ans pour lesquels j'avais été mise chez Madame Amé étaient écoulés. Je cherchai à me précautionner d'une place qui dût m'assurer des appointements, afin de ne plus être à charge à mes parents. Une dame veuve ..... m'en fit [connaître] une. Cette dame était une excellente femme, quoique jacobine ; elle m'apprit qu'elle était tout récemment remariée avec le général Vachot (1) et que leur mariage avait été fait à la

---

(1) Général de brigade à l'armée d'Italie en l'an III, puis à l'armée du Rhin-et-Moselle en l'an IV (1796), sous les ordres de Pichegru.

république. Désirant savoir quel était le nouveau mode de
ces mariages, je le lui demandai. Elle me dit que, munie de
la cocarde tricolore et du bonnet rouge, elle avait juré sur
l'autel de la patrie prendre le républicain Vachot pour son
époux et que mutuellement, au nom de la liberté, ils s'étaient
promis fidélité jusqu'à la mort, et que cet hymen était plus
solide et plus naturel que l'ancien mariage. Je racontai ces
détails à Madame Amé, qui me défendit expressément de
revoir cette femme immorale. Il paraît que le fondement de
son mariage républicain n'était pas solide, car les attribu-
tions de la liberté comme la cocarde tricolore, le bonnet
rouge et les serments patriotiques n'ont pu consolider
l'hymen du citoyen Vachot, qui, trois mois après la célébration, avait quitté sa républicaine sans avoir eu besoin de
recourir au divorce, qui était alors reconnu par la loi.

Je quittai Madame Amé, pour qui mon cœur a conservé
et conservera toujours un éternel souvenir..... C'est près d'elle
que j'ai puisé de bons principes, qui m'ont appris à savoir
me rendre heureuse dans toutes les circonstances de la vie
où je me suis trouvée. Lorsque l'on quitte la maison paternelle dans un âge tendre, l'exemple du beau s'incruste dans
un jeune cœur comme la taille du graveur dans celui du
cristal ; le mien, en sortant de chez Madame Amé, n'avait
reçu que de bonnes impressions, et j'étais bien disposée à
les suivre en entrant chez Madame Patron, marchande-
mercière rue Montmartre. [Il ne régnait pas] une bonne
intelligence entre Monsieur Patron et sa belle-mère, Madame
Sons, qui demeurait chez lui. C'était l'une des femmes
jacobines la plus exagérée et la moins éclairée ; son gendre
étant noté à sa section comme modéré, il craignait à tout
moment d'être dénoncé par elle comme suspect. Une nuit,
nous crûmes que c'était fait de lui ; on frappa à coups de
crosse de fusil dans la porte du magasin ; c'étaient des
hommes de l'armée révolutionnaire qui venaient faire une
visite domiciliaire pour le désarmer. Ils ne purent emporter
ses armes, il n'en avait pas ; mais afin que leur temps ne
fût pas entièrement perdu, ils prirent des marchandises, je
ne sais sous quel prétexte, mais ils n'en firent jamais la

restitution à Monsieur et Madame Patron. Je couchais encore dans cette maison dans une soupente qui tenait à la leur, car ils n'étaient pas mieux logés que moi ; les planches qui nous séparaient étaient mal jointes et laissaient voir la lumière à travers les fentes. C'était de toutes les contrariétés la plus grande de celles que j'éprouvai dans cette maison. Je voulais travailler sans être vue ; je trouvai à remédier à cet inconvénient en clouant ma couverture le long de la cloison, afin que madame Patron n'en puisse voir la lumière à travers les planches mal jointes, et dans cette soupente je passai des nuits pour moi et pour refaire à la mode de Paris les ajustements de mes sœurs Agnès et Angélique, qui y demeuraient alors chez une marchande lingère. Je me trouvai assez bien chez Madame Patron, mais ce n'était plus la branche de commerce que j'avais apprise, et je désirai la reprendre.

J'entrai pour cet objet chez Monsieur et Madame Rataud, rue des Petits-Champs. Je crus m'apercevoir, peut-être à tort, que Monsieur et Madame Rataud n'avaient pas pour moi les égards que chacun a le droit d'attendre des personnes chez lesquelles il demeure, ou du moins qu'ils avaient un peu de fierté et me regardaient un peu au-dessous d'eux. J'en fus piquée d'une manière sensible en voyant un jour entrer chez eux un grand bel homme qui cachait en partie sa figure avec son mouchoir. Ils le reçurent avec un air mystérieux, le firent passer dans leur cuisine pour être plus éloignés du magasin, y restèrent quatre heures et mangèrent une poule ensemble. J'eus ce maudit poulet longtemps sur le cœur, tant je me trouvais mystifiée de ce qu'ils ne m'avaient pas admise à leur table pour le partager avec eux... Je sus depuis que ce grand bel homme était Monsieur de Ségur (1), chez qui Monsieur et Madame Rataud avaient été valet et femme de chambre, et étaient sortis de chez lui tout récemment par suite des événements de la Révolution. Ils avaient amassé, étant à son service, de quoi former l'établissement qu'ils venaient de prendre. Je pensai depuis

---

(1) Le vieux maréchal de Ségur et ses deux fils n'avaient pas émigré.

ce temps désastreux qu'un maître forcé de se cacher pour se soustraire au joug des Jacobins était bien heureux de trouver dans des serviteurs fidèles des amis à qui il puisse confier ses inquiétudes et en recevoir des consolations, et que Monsieur de Ségur les avait trouvées dans Monsieur et Madame Rataud, qui n'avaient pas jugé convenable de me mettre dans leur confidence de crainte que je commisse quelque indiscrétion qui eût pu les compromettre tous trois... Je ne raisonnais pas à seize ans comme à cinquante.

Ma mère vint me voir chez Madame Rataud..... Nous allâmes, mes sœurs et moi, avec elle voir la fête de l'Etre Suprême (1) que Robespierre avait fait ordonner et qui eut lieu au Champ-de-Mars. Rien ne peut être comparé à la beauté de cette fête et à celles qui ont eu lieu dans la République. Il y avait de chaque section des cortèges et des chars sur lesquels étaient des gradins décorés et occupés par des danseuses de l'Opéra, vêtues de costumes analogues à leur attribution et posées dans les attitudes des déesses qu'elles représentaient. La place la plus élevée réservée pour celle de la Liberté ; Mademoiselle Maillard, de l'Opéra, en remplissait le rôle et portait le bonnet rouge..... Ces fêtes étaient magnifiques, elles avaient quelque chose de magnanime, d'enchanteur qui avait l'air d'élever le peuple et le mettait au niveau de sa puissance. La foule qui accompagnait ces cortèges était prodigieuse.

Arrivées au Champ-de-Mars, ma mère nous dit avoir un dé d'argent dont elle voulait faire le cadeau à l'une de nous, et nous fit tirer à la courte paille pour savoir à qui l'aurait de nous trois. Je m'aperçus qu'elle désignait à Agnès celle qu'elle devait prendre pour l'avoir ; je fus peinée de cette marque de préférence.... Si les père et mère savaient la peine qu'un enfant éprouve en se croyant le moins aimé d'eux, ils feraient en sorte de lui éviter ce chagrin. Il m'a été si sensible que, bien que ce fut en 1794 que cela se passât, je désignerais encore la place dans le Champ-de-Mars où cette faiblesse de ma mère a eu lieu. Son but sans doute était que,

(1) 8 juin 1794.

ma sœur étant très intéressée, elle ménagerait et soignerait son dé, et que, moi ne l'étant pas, je pourrais le perdre, ce qui eût été très possible ; mais la valeur d'un dé pouvait-elle compenser la peine qu'elle me faisait éprouver en me croyant moins aimée d'elle que ma sœur ?

Ainsi la fête de l'Etre Suprême fit-elle époque pour moi et pour la France, car peu de jours après arriva la culbute de celui qui l'avait ordonnée. Robespierre, chef des Jacobins, fut dénoncé à la tribune de la Convention Nationale, qui lança un acte d'accusation contre lui. Il fut arrêté, jugé, condamné à mort et exécuté le 28 juillet 1794. La quantité de monde qui allait voir tomber sa tête était si considérable que beaucoup ne purent aller plus loin que jusqu'à la place Victoire, tant les rues étaient encombrées de personnes qui se portaient en foule sur la place de la Révolution que cet homme avait fait inonder de sang. En voyant la défaite du tyran qui avait gouverné la France, on crut en voir terminer tous les maux, et si l'on eût cru le reste de sa suite, on eût dansé dans les rues de Paris et fait des feux d'artifice pour manifester le plaisir que l'on éprouvait de sa chute. Il semblait que l'on allait respirer un nouvel air ; jamais le temps ne fut plus beau et le soleil aussi brillant ; on eût cru que l'Etre Suprême voulait éclairer les Français et leur annoncer la fin de leur désastre..... Robespierre mourut sans fermeté ; de tous ses complices qui allaient au supplice, il fut le seul vautré sur la paille dans la charrette qui le conduisit à l'échafaud... Le bourreau lui arracha l'appareil retenant sa mâchoire, qu'il s'était fracassée en sautant par une croisée pour s'évader le jour de son arrestation. Ainsi finit le tyran de la République.

Quelques jours après, des soupers patriotiques de chaque section eurent lieu au milieu des rues. On y planta des arbres de la liberté à chaque coin. Les habitants du devant des maisons apportèrent leur table, la joignaient près des autres pour l'alignement et fournissaient les comestibles. Ces couverts alignés et bien éclairés faisaient un très bel effet. Les curieux circulaient de chaque côté de la table, buvaient et mangeaient ce qu'on leur offrait. Ce qui paraîtra assez étonnant, c'est qu'il n'y a pas eu de dilapidation dans ces repas des douze sections, qui les donnaient chacune à leur tour. Tout s'y passait en ordre, quoique sans troupe ni police pour la faire. On chanta des chansons républicaines, on buvait à la santé des patriotes ; on criait *vive la liberté,* on jurait fidélité, fraternité ou la mort. Malgré cette prétendue liberté, je me rappelle que Madame Rataud était bien inquiète de savoir ce qu'elle devait faire pour sa quote-part du repas qui devait avoir lieu le soir. « Si je prépare un plat de haricots, disait-elle, les sans-culottes me le jetteront au nez ; si ce sont des perdrix aux choux, les jacobins diront que c'est un plat d'aristocrates ». Dans cette incertitude, elle prépara les deux plats et attendit par prudence que ses voisins eussent porté les leurs sur cette table avant que de risquer l'un ou l'autre des siens. A la tournure que cela prit, elle vit qu'elle pouvait porter les deux. On appelait ce temps celui de l'Indépendance.

C'est aussi celui où l'explosion de la manufacture de Grenelle arriva (1). La commotion en fut si forte que l'on n'a pu faire la récapitulation juste de tous les accidents qu'elle causa dans Paris. J'étais dans ce moment debout sur le comptoir à faire l'étalage de la montre ; j'en fus renversé par terre et trois carreaux du magasin en furent cassés. Il y a pourtant une assez grande distance de chemin de la rue des Petits-Champs à Grenelle pour en avoir amorti la commotion.

L'idée du froid accueil que Madame Rataud avait fait à ma mère me poursuivait sans cesse et me fit faire des réflexions peut-être au-dessus de mon âge. Je pensais à mon avenir et me proposais de bien recevoir les parents des personnes que j'aurais chez moi si jamais je me trouvais dans la position d'en avoir. Un des bonheurs réels est de se faire aimer de tous ceux qui nous entourent ; et peut-on l'être si l'on ne fait rien pour les rendre heureux et se les attacher ! Il est si bon d'avoir la paix domestique qu'il faut faire quelque chose pour en jouir. Assez généralement, pour les

---

(1) Le 1ᵉʳ septembre 1794.

personnes qui nous servent, ce sont les femmes de qui cela dépend ; ce sont elles qui prennent, reçoivent et commandent les domestiques ; celles qui continuellement en changent n'annoncent pas avoir un bon cœur et n'ont pas d'indulgence ; ce sont les bons maîtres qui font les bons domestiques, et rien ne fait plus l'éloge de l'un et de l'autre que de les voir vieillir ensemble. Il vaut mieux renvoyer son domestique que de s'en défier en renfermant tout ce qui peut et doit être à sa portée ; par là on l'indispose et lui donne des idées de prendre, ce qu'il n'eût jamais peut-être pensé..... On se récrie souvent en disant : que ces gens-là sont bêtes ; il faut leur dire vingt fois de faire la même chose. Mais pas du tout, ils ne sont pas bêtes, mais insouciants ; ils ne peuvent avoir la même prévoyance et le même courage pour votre travail qu'ils l'auraient pour le leur. Si vous veillez, que vous vous donnez du mal, des inquiétudes, c'est pour qu'il vous en reste quelque chose, au lieu qu'eux ils auront beau se donner des peines, ils n'en auront pas plus d'argent à la fin de l'année..... Un domestique est susceptible d'avoir de l'attachement pour son maître, mais il faut qu'il s'en croie aimé en en recevant des soins ; alors ses intérêts deviennent communs ; en prenant les vôtres, il prend les siens. Nous ne nous attachons et n'aimons que ceux qui nous aiment ; il en est de même pour tout dans ce monde : chacun fait pour soi. Un employé va exactement à son bureau dans l'espoir d'avoir sa retraite ; un dévot demeure à l'église pour prier Dieu qu'il veuille bien recevoir son âme en paradis ; J.-J. Rousseau a eu le courage d'écrire ses confessions pour être immortalisé. Pour être bien servi, il faut être juste, bon et indulgent, commander avec fermeté, honnêteté, mais non avec impertinence et dureté ; éviter une trop grande familiarité avec les domestiques, qui ne manqueraient pas d'en abuser, ce qui mettrait dans la nécessité de les mortifier en voulant les remettre à leur place. On doit aller au devant de ceux qui sont au-dessous de soi par leur état et leur fortune, et attendre que ceux qui sont au-dessus fassent les premières avances..... Je crus que Madame Rataud n'allait pas du tout au devant de moi, et plutôt que de courir la chance d'attendre trop longtemps ses avances, je pris le parti de la quitter.

Les assignats, papier-monnaie de ce temps, perdaient de leur valeur et donnaient à qui le voulait la facilité de commercer et sans avoir besoin de beaucoup de marchandise. Des échantillons étaient suffisants pour vendre et acheter. Cela me fit concevoir le projet de me mettre à mon compte. J'en fis part à mon père en lui vantant les avantages dont j'en pourrais tirer parti ; il ne s'y opposa pas, mais ne me donna pas d'argent pour le faire. Cela ne put m'arrêter ; je louai une chambre mansardée rue de Cléry, près la porte Saint-Denis, afin d'être à proximité de voir mon père chaque jour, soit au moment de l'arrivée de sa diligence ou à celui de son départ. N'ayant pas de meubles suffisants à mettre dans le logement que je venais de louer pour la garantie du loyer, je payai quinze francs d'avance à Madame Avrillon, ma propriétaire. J'y apportai un matelas, traversin, couverture, deux paires de drap et ma cassette que j'avais en entrant chez Madame Amé. J'achetai une couchette de huit francs ; j'en employai cinq qui me restaient en ustensiles de ménage, et me voilà installée. Mais pour commencer un tout petit commerce, il faut avoir un peu de marchandises ou de l'argent pour en acheter ; n'ayant ni l'un ni l'autre, je coupai mes draps en torchons parce qu'ils étaient trop gros pour en tirer parti autrement; je les vendis, ainsi qu'une robe de nankin à larges rayures que j'avais encore en pièce, et mon traversin. Je tirai du tout quarante francs et les employai en faisant l'acquisition de dix aunes d'indienne, que je revendis de suite avec huit francs de bénéfice. Je me trouvai si heureuse de ce début dans les affaires que je n'eusse pas cédé ma position contre celle du plus grand potentat du monde. La baisse continuelle des assignats faisait trouver le placement de toute espèce de marchandises ; il ne fallait que les proposer pour qu'elles fussent achetées. J'avais de l'activité, et aussi je gagnais des assignats quatre fois plus que je n'en dépensais, et me voyais rouler non pas sur l'or, mais sur des papiers.

Ma mère, concevant des inquiétudes de me savoir livrée à

moi-même et si jeune, vint me voir quinze jours après mon installation. Je la vois encore entrer dans ma chambre, dont les meubles étaient des plus misérables : pas une chaise pour s'asseoir, un matelas étendu sur les barres du lit, sans draps et recouvert d'une couverture ; c'était mon mobilier. Sa surprise fut extrême de me voir dans un galetas pareil ; elle ne voulait pas que je restasse, mais je la priai tant en lui démontrant la superbe opération que j'avais faite, qu'elle se laissa séduire et consentit à ce que je demeurasse dans cette chambre, moyennant quoi elle m'enverrait un matelas, traversin, draps, etc., etc., mais à la condition que je ne les vendrais pas pour faire du commerce, ce que je promis bien volontiers. Ma mère alla prier Monsieur et Madame Tessier, brodeurs et honnêtes gens, mes voisins, de qui j'avais fait la connaissance, de vouloir bien me guider par leurs conseils, ce qu'ils firent. Je les vis chaque jour pendant les dix-huit mois que je restai dans leur maison. En en sortant je continuai mes liaisons d'amitié avec eux pendant vingt-cinq ans, temps qu'ils vécurent. Ma mère, assurée des bonnes intentions qu'avaient Monsieur et Madame Tessier pour moi, s'en retourna à Creil plus tranquille qu'elle n'était venue. En l'embrassant je ne pensais pas que c'était pour la dernière fois et que je ne devais la revoir de ma vie. Elle m'envoya tout ce dont il était convenu, et de plus des comestibles pour ma consommation, et comme de tout temps il m'a fallu peu de chose pour me rendre heureuse, cette abondance d'objets était pour moi une petite fortune. Je cherchai à l'achever en faisant des connaissances commerciales qui me donnèrent des échantillons de toile, clous, papier, café, bougie, etc., etc. On mettait beaucoup de temps à se faire livrer les parties de marchandise vendues dont on avait trouvé l'acquéreur ; la difficulté venait souvent que ces échantillons avaient passé dans six ou huit mains avant que de parvenir dans les vôtres, ou parce que la marchandise était vendue en même temps à différents acheteurs par plusieurs personnes qui avaient ces mêmes échantillons. Dans ce cas, les deux ou trois courtiers qui en avaient trouvé le placement se réunissaient et se partageaient le bénéfice de la commission promise. Ce genre de commerce était favorable pour celui qui en recevait le courtage s'il avait la sage prévoyance de placer de suite les assignats, mais il faisait la ruine des propriétaires qui ne pouvaient remplacer les marchandises au prix qu'ils les avaient vendues. En gardant leur avoir en portefeuille, ils se trouvaient par la baisse continuelle des assignats avoir un huitième de moins de leur fortune au bout d'un mois.

En demeurant chez moi, je n'avais pas perdu l'habitude que j'avais contractée chez Madame Amé d'aller voir les tumultes. Le 13 vendémiaire (1), on battait la générale dans tous les quartiers de Paris ; j'allai rue Beauregard entendre la proclamation que l'on y faisait. Elle ordonnait à tous les citoyens et particulièrement à ceux en place de prendre les armes, ou sinon on les menaçait de les perdre s'ils ne se rendaient de suite à leurs sections pour tenir tête aux Jacobins qui, disait-on, voulaient remuer. On avait tellement peur que le restant de cette cohorte sanguinaire ne recommençât ses égorgements habituels que les citoyens s'empressèrent de courir aux postes qui leur étaient indiqués. Arrivés sur les marches de Saint-Roch et autour des Tuileries, ils virent cul-de-sac Dauphin des canons braqués, ne sachant pour qui, et ce que cela signifiait ; ils attendirent quelques heures dans l'incertitude de ce qu'ils devaient faire, lorsque dans la soirée une décharge à mitraille vint les balayer. C'est Bonaparte qui fit faire feu sur ces citoyens. On ne savait à quoi attribuer ce nouveau crime de la République ; il jeta la stupeur dans les esprits, qui restèrent trois jours dans l'inquiétude et sans avoir connu le motif de ce feu commandé par Bonaparte, de qui l'on entendait parler pour la première fois. Trois jours après, les mêmes sections qui avaient commandé de courir aux armes, ordonnèrent le désarmement des citoyens et la destitution des employés qui ne pourraient produire un certificat comme quoi ils n'avaient pas fait partie de ceux qui s'étaient rendus sur les marches

______

(1) Le 5 octobre 1795.

de Saint-Roch ; et trois jours avant il les eussent perdus pour ne pas s'y être rendus (1).....

J'avais une partie de mauvaises aiguilles qui m'avaient coûté mille francs assignats, et dont je ne pouvais trouver à faire le placement. Je les avais achetées par l'entremise d'une Laurence qui me devait trois cents francs. Cette femme me proposa un moyen pour s'acquitter avec moi, qui était de lui confier ma partie d'aiguilles, qu'elle irait échanger à Senlis et à Crépy contre de la toile et de l'indienne, dont les marchands de province ne connaissaient pas le cours de Paris ; ce qui produirait un gros bénéfice, et que la moitié serait pour me solder ce qu'elle me devait. Je consentis, mais à la condition que j'irais avec elle dans ces pays où j'avais des parents et profiterais de cette occasion pour les y voir, ce à quoi elle consentit. Nous emportons chacune une boîte d'aiguilles et partons lestement à pied pour Senlis, à dix lieues de Paris et à deux de mon pays.....

Cette femme avec laquelle j'étais m'avait, pendant la route, fait des questions et tenu des propos que je n'avais jamais entendus chez Madame Amé, et qui me firent regretter de me trouver avec elle. C'était une espèce de femelle de soldat de garde dont j'aurais bien voulu être débarrassée. Je commençais à en avoir peur et seulement à m'apercevoir qu'elle m'avait trompée pour me les faire acheter et que son voyage avec moi n'avait d'autre but que de vouloir me les escroquer. Je ne savais quel parti prendre pour l'en empêcher ; après avoir réfléchi, je ne vis d'autre moyen..... que d'avoir l'air de croire à tout ce qu'elle me disait afin qu'elle me crût complètement sa dupe..... Cette femme devait, aussitôt mes aiguilles échangées à Senlis contre d'autres marchandises, les adresser à Paris à quelqu'un de sa connaissance, afin, me disait-elle, que le transport nous coûtât peu. J'y consentis et avais l'air enchantée de sa proposition. Arrivées à Senlis, nous y fîmes notre échange avec avantage contre d'autres marchandises qu'elle emballa et mit l'adresse convenue sur

---

(1) Il s'agit du coup de force des royalistes après les décrets dits des *Deux Tiers.*

le ballot. Je la laissai faire en la priant de m'attendre une heure pour dîner, temps que je mettrais à voir ma tante Mansion à qui je confiai mes inquiétudes, la priant de venir avec moi pour qu'elle demandât à mon espèce d'associée ainsi qu'à moi le ballot de marchandise pour le faire partir et tenir à son adresse sans qu'il nous en coûtât rien pour le transport, ayant soi-disant une occasion dont il fallait profiter à l'instant même. La Laurence me crut trop simple pour penser que je puisse avoir eu la prévoyance de préparer ce petit complot. Elle fit la remise du ballot à ma tante, qui échangea l'adresse contre celle de Madame Tessier, ma voisine, à qui j'écrivis un mot pour la prier de le garder jusqu'à mon retour.

Nous continuâmes notre route projetée et j'arrivai à Crépy avec moins d'inquiétude que j'avais eu à Senlis..... Nous achevâmes d'y échanger le peu d'aiguilles qu'il me restait. J'allai voir ma grand'mère maternelle, qui me fit cadeau de différents petits objets que j'eus soin de faire emballer avec la marchandise produit des aiguilles dont nous n'avions pu trouver le placement à Senlis. Cette affaire terminée avec beaucoup d'avantage nous mit à même de revenir en diligence à Paris. Sous le prétexte que je désirais avoir de suite ce que ma grand'mère m'avait donné, ..... je voulus emporter le ballot, mais j'éprouvai assez de difficulté de la part de la Laurence qui avait, disait-elle, le placement des objets qu'il renfermait, mais je tins bon..... A peine y avait-il une heure que j'étais rentrée qu'elle vint me prévenir de l'air le plus effrayé que le ballot parti de Senlis par l'entremise de ma tante n'était pas encore arrivé. Je feins l'étonnement autant que je le puis en lui promettant d'écrire de suite à ma tante pour savoir la cause de ce retard. Quant aux marchandises que je venais d'apporter et dont j'étais convenue de lui faire la remise, j'avais beaucoup trop d'inquiétude [pour en discuter].

Je venais en effet d'apprendre que ma mère était accouchée depuis sept jours de son quinzième enfant et était dangereusement malade. Je passai une partie de la nuit tourmentée du regret de ne l'avoir été voir en passant à Senlis. Inquiète de recevoir de ses nouvelles, j'attends l'heure de l'arrivée de la diligence de mon père avec une impatience extrême. Le conducteur m'apprit qu'elle n'était pas mieux ; il me remit une ordonnance à porter chez monsieur Charlot, apothicaire. C'était une potion que l'on lui demandait pour délivrer ma mère de celui qu'on nomme adhérent dont elle n'était encore débarrassée sept jours après son accouchement. Le temps de l'aller et du retour de la diligence à Creil qui devait rapporter cette potion était de trente-trois heures, ce qui peut donner une idée du zèle et de la promptitude avec lesquels on soignait alors les malades des petites provinces. Je ne devais savoir l'effet que produirait cette potion sur ma mère que de même trente-trois heures après l'avoir remise. Quel tourment j'éprouvai pendant cette attente à recevoir des nouvelles de la santé de ma mère ! Croyant l'abréger, j'allai le lendemain à midi au devant de la diligence de Monsieur Maucomble, concurrent de mon père, que je savais ne devoir arriver qu'à quatre heures. Je fis le trajet de Paris à Saint-Denis et de Saint-Denis à Paris deux fois pour attendre cette diligence. Combien ce temps me parut long et pénible ! Enfin elle arriva ; je fis signe au conducteur d'arrêter ; je demandai des nouvelles de madame Monnard ; un des voyageurs répond : « Elle est morte hier ». Quelle douleur mon cœur reçut en apprenant cette affreuse nouvelle ! cela peut s'éprouver, mais ne peut s'écrire..... Les pleurs que je versais attendrirent les voyageurs ; ils me firent monter dans la voiture pour me ramener à Paris, en me prodiguant des soins et des consolations dont j'avais besoin..... Ma mère mourut à l'âge de trente-sept ans, le neuvième jour de sa couche, deux heures avant que la potion que j'avais fait faire ne fût arrivée ; elle laissa six enfants, dont j'étais l'aînée ; j'avais dix-sept ans.....

Mon père, ne pouvant se passer de l'une de ses trois filles aînées qui demeuraient à Paris, fit revenir près de lui ma sœur Agnès, sa cadette, qu'il préféra pour gouverner l'intérieur de sa maison.

Je n'étais occupée que de la perte que je venais de faire et pensais peu à mon commerce, quand la Laurence vint me le rappeler par le projet qu'elle avait formé de m'enlever les marchandises produit de notre échange d'aiguilles. Voulant en finir sans qu'elle s'aperçut trop de ma défiance envers elle, j'allai prier un marchand de venir chez moi pour les acheter, en convenant avec lui qu'il m'offrirait devant la Laurence huit cents francs de bénéfice (1) sur la totalité des marchandises. Cette proposition ne put lui convenir ; elle prétendait qu'en les emportant chez elle elle les placerait avec beaucoup plus d'avantage. Pour lever toute difficulté, il fut convenu qu'elle amènerait un marchand de son côté, qui en effet nous donna mille francs de bénéfice au lieu des huit. Son acquéreur ne devait payer ces marchandises que lorsqu'elles seraient rendues chez lui. Mais avant de les lui envoyer, j'allai en prendre des informations et j'appris qu'il n'avait pas de fonds pour les payer. Je vis clairement l'intention qu'avait la Laurence de me les soustraire ; je lui donnai cent francs, et trois qu'elle me devait firent le montant de la moitié du bénéfice des marchandises, ce dont nous étions convenues pour qu'elle fût quitte avec moi. Par ce début en connaissance, je vis combien il était dangereux de se lier avec des personnes dont on ne connaît pas la moralité ; cette leçon me servit pour gouverne et me préserva d'en faire aucune autre mauvaise.

La facilité avec laquelle je gagnais des assignats me donna le désir d'avoir un logement plus grand que le mien. J'en pris un autre de deux cent cinquante francs dans la maison que j'habitais, et le meublai convenablement. Mon père, en continuant d'amener sa diligence à Paris, venait y souper tous les deux jours avec moi. Quoique je le craignisse beaucoup, je l'aimais de même. Je lui faisais part de mes opérations, il était mon confident intime parce qu'il avait le bon

---

(1) Ce bénéfice paraîtra énorme pour ceux qui ne se reporteront pas à la chute des assignats. Il faut aussi dire que les marchands ne se faisaient pas le raisonnement de dire : « puisque les aiguilles sont augmentées, les marchandises que nous avons depuis un an doivent l'être aussi », — car la Laurence prêtait tous ses soins à ne leur demander que celles dont elle présumait être depuis longtemps en magasin chez eux. (Note de l'auteur).

esprit de capter ma confiance en ne me grondant jamais pour telle chose que ce fût. Il me faisait des observations sages, raisonnées, je les écoutais et les suivais ponctuellement. Je n'éprouvais aucune gêne à lui faire mes confidences parce que j'étais assurée de ne pas en être mal reçue. C'est avec ce moyen que des pères et mères conduisent leurs enfants au bien, et, tout en croyant qu'ils ne font que d'après eux, ils ne suivent que les volontés de ceux qui savent bien les guider.

Mon père avait tellement su m'inspirer de confiance qu'un jour où je venais de recevoir une lettre d'un jeune homme, je grillais d'impatience de le voir arriver pour la lui faire lire. Elle avait pour but ma demande en mariage. Mon père me la remit en me demandant ce que j'en pensais. Je restai un peu sotte et ne savais que lui répondre. Il connaissait le jeune homme et sa famille ; il me fit de légères observations sur son état qui n'était pas encore fait, et, sans avoir l'air d'y attacher la moindre importance et probablement pour me détourner, il me proposa un autre jeune homme qui lui avait demandé ma main..... Je vis que mon père éludait et que ni l'un ni l'autre ne lui convenaient. Il me demanda pourquoi je voudrais me marier ; c'est, lui répondis-je, pour avoir une montre en or, les prétendus en donnent une à leur future pour les accords. Cette réponse lui fit présumer que je n'étais pas encore très pressée pour me marier, et l'on remercia les prétendus.....

Mon père dut penser que j'avais l'extrême désir d'avoir une montre, puisque j'eusse volontiers pris un mari pour en avoir une. Au fait, rien ne m'eût autant flattée que d'avoir une grande chaîne en acier pendante sur mon tablier et au bout de laquelle eût été attachée la montre que l'on portait en dedans de la ceinture du jupon. Il était assez difficile de s'en procurer, les assignats perdant de leur valeur d'un jour à l'autre. Ils avaient encore leur cours, mais on n'eût pas donné la valeur intrinsèque d'une montre pour un papier-monnaie aussi discrédité. Je ne pensais plus à en avoir et ne ressentais aucune privation, quand mon père m'en donna deux pour en choisir une, l'autre était pour ma sœur Agnès.

Le plaisir que j'éprouvai à la recevoir me saisit au point de ne pouvoir l'en remercier. N'y ayant pas encore d'argent en circulation, je ne concevais pas comment il avait pu se les procurer et encore moins comprendre comment il avait pu se déterminer à faire une pareille dépense pour nous, lui, mon père, qui n'en avait pas même une d'argent pour lui..... J'étais si contente de l'avoir que pour que les passants la vissent j'affectai au moins dix fois de regarder l'heure qu'il était du faubourg Saint-Denis, où je la reçus, à la rue de Cléry où je demeurais. Tout ce qui était métal or ou argent était rare, recherché, et servait à faire des échanges pour se procurer du pain ou de la farine, qui était fort chère. C'était par ce moyen, en échange de deux sacs de farine contre deux montres, que mon père se les était procurées. La disette à Paris était plus grande qu'elle ne l'avait encore été. Les habitants qui n'avaient aucune connaissance en province qui puisse leur envoyer du pain couraient le risque de mourir de faim. On se nourrissait de pommes de terre, de riz ; et quelques diligences arrivant sur différentes routes aux environs de la capitale furent arrêtées par des ouvriers parisiens qui y prirent les provisions, comestibles envoyés par des parents de province aux leurs à Paris. Faute de farine, les boutiques des pâtissiers furent fermées plusieurs mois. La valeur des assignats était tellement diminuée sur les derniers temps qu'ils eurent leur cours, que je payai une livre de poudre à poudrer trois cents francs.

Quand il fut question de mettre les assignats en émission, ma grand'mère maternelle, par la prévoyance habituelle de son caractère, avait thésaurisé deux cents louis or et les avait cachés bien soigneusement pendant la Révolution jusqu'à ce qu'elle ne puisse plus craindre d'être taxée d'aristocratie en les montrant. En 1797, elle crut le moment arrivé et m'écrivit de venir la voir ; je me rendis près d'elle à Crépy[-en-Valois]. Elle me fit part de ses inquiétudes pendant le temps qu'elle avait tenu cachés ces deux cents louis, dont elle voulait disposer avant de mourir en faveur de ses petits-enfants. Elle en avait dix-neuf, ce qui nous faisait à chacun dix louis; une seule eut une portion double parce qu'elle était manchote. Elle chargea en partie les aînés de ses petits-enfants de chaque branche des siens de la portion des plus jeunes, à condition de la leur remettre lorsqu'ils auraient atteint l'âge de dix-huit ans. La réputation de mon désintéressement avait été jusqu'à elle et ne lui donna pas une haute idée de la confiance qu'elle devait avoir en moi. Aussi ne me jugea-t-elle pas digne d'être la caissière de mes sœurs ; elle me remit ma part et chargea ma sœur Agnès de la sienne et de celle d'Angélique ; vingt louis furent déposés chez un notaire pour mes deux frères encore en bas âge ; seuls petits-enfants que nous étions restés à ma grand'mère du côté de ma mère.

Je revins à Paris chargée de mon trésor ; c'en était un que d'avoir ce métal à cette époque. Il me restait quatre-vingt-dix mille francs assignats, fruit de mon travail. Ne sachant à quoi les employer parce que personne ne s'en souciait, je fis l'emplette de cent livres de mauvais tabac. C'était tout ce qu'il me restait de marchandise au bout de deux années de commerce et après avoir gagné beaucoup.

*Marie-Françoise Monnard raconte ensuite longuement comment elle réussit à faire sortir de « la Bourbe » à Paris la belle-sœur de sa tante Mansion. Attachée avec son mari au service de «Monsieur Clermont-Tonnerre, », qu'ils avaient suivi dans son émigration », ils furent arrêtés à leur retour en France, à vingt lieues de Paris. Le mari fut conduit en prison à Beauvais et réussit à s'évader ; passant par Verneuil et Senlis, il se rendit à Paris, où il retrouva sa femme grâce à Marie-Françoise Monnard.*

*<br>* *

Le numéraire, commençant à reparaître, coupa le cours des assignats et m'empêchait de continuer le genre de commerce qui j'avais fait. Je persuadai mon père de ma capacité pour prendre et tenir une boutique de lingerie, et le déterminai à m'établir. Je louai donc une boutique faubourg Saint-Denis. Je ne manquais pas entièrement d'intelligence, mais je n'avais pas d'expérience. Mon père, n'ayant pas de fortune, ne me donna que peu d'argent pour acheter des marchandises. Pour parer à cet inconvénient, je fis des paquets de paille pour remplir les rayons vides de ma boutique. J'ai vu par suite que l'apparence ne pouvait de longue durée remplacer la réalité.

Cette apparence de marchandises m'attira des prétendus ; je ne peux attribuer leur recherche qu'à mes paquets de paille, l'amour-propre ne m'a jamais aveuglée. Quoique ayant cinq pieds deux pouces, je n'avais aucune apparence ; je paraissais beaucoup plus que mon âge. J'étais mince, élancée, de grosses mains grasses ainsi que les pieds, la marche un peu cavalière et sautante ; la tournure était de celles à laquelle on ne fait aucune attention. J'avais les traits petits, réguliers, plutôt bien que mal, les cheveux noirs et les yeux bruns, expressifs, pénétrants et assez sévères, les dents petites, bien rangées, n'étant pas d'une extrême blancheur, la bouche bien et fraîche, de l'expression et du jeu de physionomie en parlant. Ce qui gâte entièrement ce que j'aurais pu avoir de bien est une vilaine carnation, non pas brune déterminée, mais jaunâtre ..... J'ai le caractère prononcé, déterminé, je juge d'après ce que j'éprouve et vois par moi-même, non par des paroles, mais par des actions ; je raisonne et médite assez promptement ce qui je dis ou fais..... ; si j'ai promis, je tiens, et suis d'une constance à toute épreuve pour toute espèce de sentiment et d'entreprise que j'ai formée. Je suis active, remuante, laborieuse, courageuse et entreprenante pour toutes les affaires ; plus elles sont grandes et plus elles conviennent à mon caractère et à mon imagination. J'éprouve vivement les peines comme les plaisirs..... Je ne suis pas entêtée, mais ferme dans mes résolutions, et ai plutôt le caractère d'un homme que celui d'une femme. Je me plais mieux à la conversation du premier ; celle de la femme ne m'attache pas si elle n'est relative à quelque sentiment du cœur. Je ne suis pas haute, mais j'ai de la fierté comme un paon, l'imagination ardente et disposée à voir en beau. Cette ardeur m'a quelquefois fait porter des jugements sur lesquels j'ai été obligée de revenir; cela dépend aussi de ce que je suis un peu extrême dans ma manière d'éprouver et de m'exprimer.....

En m'établissant marchande lingère, j'avais avec moi ma sœur Angélique. En face de moi demeurait Madame Beuzart, femme d'un des administrateurs des messageries du faubourg Saint-Denis ; cette dame vint me proposer une de ses nièces comme pensionnaire pour apprendre le commerce ; je l'acceptai. [Il en résulta] une petite relation entre la maison de Madame Beuzart et la mienne....., [et le frère de Madame Beuzart]..... Ce jeune homme avait dix-neuf ans et quelques mois et était employé au bureau des vivres aux appointements de dix-huit cents francs... Ma société, ma conversation et peut-être aussi ma personne lui plurent; mes paquets de paille, qu'il croyait ainsi que sa famille être de la bonne cretonne ou de la toile de Hollande ou plutôt de Frise, [tout cela] détermina monsieur Huet (1) à m'écrire une lettre de quatre pages pour me peindre son amour comme les hommes l'éprouvent à dix-neuf ans et demi. A peine si je savais assez lire pour déchiffrer cette lettre, dont je ne connaissais encore juste la valeur des expressions qu'elle contenait ; mais il était question de l'amour et de la constance d'un homme pour qui mon cœur éprouvait déjà en secret un

---

(1) Fils de « Joseph-Claude Huet et de Françoise-Félicité Godonnesche, demeurant à Paris, rue du faux bourg Denis, n° 22, division du Nord ».

sentiment tendre. J'épelais et je relisais cette lettre à chaque instant du jour et ne l'aurais pas donnée pour rien au monde. Je fis une réponse à Monsieur Huet qui devait être bien drôle. Je me rappelle très bien que je lui disais ne pas avoir de fortune et qu'il fallait qu'il s'adressât à mon père pour obtenir ma main..... Ses parents me demandèrent en mariage à mon père, qui vit en mon prétendu un extérieur aimable, des qualités essentielles, et appartenant à une famille honorable. Il ne fit aucune objection pour empêcher notre union et promit de nous marier dans six mois.....

Monsieur Huet avait beaucoup d'avantages sur moi sous le rapport du physique, de la tenue, des convenances, des usages et de l'éducation. Je n'avais rien de tous ces agréments ; je ne connaissais nullement le monde et aucun de ses plaisirs. J'étais seulement allée quatre fois au spectacle et n'avais pas même vu un bal de société avant que de connaître Monsieur Huet. N'ayant reçu aucune éducation, je faisais des fautes de français assez graves et employais le mot conséquent sans en connaître la conséquence. Ma modique dot de quatre mille francs (1) ne pouvait indemniser mon futur de tous ces désagréments..... Eh bien ! cela ne rebuta pas Monsieur Huet, de qui les parents avaient appartenu depuis deux cents ans [au personnel] de la famille royale. Nous ne formions pas quarante ans à nous deux lorsqu'on nous maria le 23 septembre 1797, paroisse Saint-Laurent, faubourg Saint-Martin à Paris.

Deux mois après mon établissement j'avais pris chez moi Mademoiselle Daraucourt, fille d'un avocat et petite-fille de Monsieur Lebas, graveur du roi. Ses parents me l'avaient confiée pour deux ans à titre de pensionnaire pour lui apprendre le commerce de lingerie. Elle avait seize ans et avait reçu de l'éducation dont elle avait profité, ainsi que l'usage du monde qu'elle avait acquis dans sa famille le peu de temps qu'elle était restée près d'elle..... Mademoiselle

---

(1) Le contrat de mariage avait été passé à Paris, le premier vendémiaire an six (22 septembre 1797), devant les notaires Moine et Chaudron.

Daraucourt était et est restée philosophe, sa conversation spirituelle et gaie, le raisonnement pénétrant et juste, aimant la lecture de bons livres ou celle de l'histoire. Je me plaisais beaucoup à l'entendre et ai aimé sa société et sa personne, que j'ai constamment vue avec un nouveau plaisir, bien que nous eussions trente-six ans de plus..... C'est la mémoire loquace de Mademoiselle Daraucourt à me raconter ce qu'elle avait lu qui me fit concevoir tous les avantages que pouvait produire la lecture et dont je n'avais nulle idée alors. La première qu'elle me fit fut celle de l'Histoire d'Angleterre en dix ou douze volumes. Pour mon début à écouter la lecture de cet ouvrage, je le trouvai bien compliqué, mais il m'intéressa tellement que j'y apportai toute l'attention possible pour en bien comprendre les actions rapportées. Mademoiselle Daraucourt est encore la première personne qui m'a donné une idée de l'usage de ce monde et des manières qu'il fallait avoir pour se présenter devant lui ; me trouvant continuellement avec Mademoiselle Daraucourt et mon mari ; j'acquis près d'eux [la connaissance] des rapports de la société et des convenances qu'il fallait avoir pour vivre avec elle.....

[Mon père] allait se remarier avec la maîtresse de poste [de Creil], veuve alors..... (1) Cette maîtresse de poste l'indisposa tellement contre les siens que, sans nul motif qui puisse justifier son mécontentement contre nous, il ne voulut plus nous revoir. Aucune des démarches que nous fîmes, et à plusieurs reprises, pour tenter un raccommodement ne put le faire revenir à nous qu'au bout de quatorze ans.....

Neuf mois et neuf jours après la célébration de notre mariage, Madame Bigot vint m'accoucher d'un garçon que nous appelâmes Hippolyte. Il m'est difficile d'expliquer ce que j'éprouvai en voyant mon premier enfant. Mon cœur et mes yeux cherchaient à découvrir ce qui se passait dans ceux de mes visiteurs. Je craignais qu'ils n'apprécient assez le beau de mon ouvrage et leur en voulais s'ils ne manifestaient pas le désir de le contempler. S'ils apportaient trop

---

(1) Mme Debauchy, dont il a été précédemment question à plusieurs reprises.

d'attention en le gardant longtemps près d'eux, j'en devenais inquiète, jalouse, et désirais l'avoir près de moi pour en jouir en secret. Le plaisir de me voir renaître me mettait au-dessus de moi-même, tant il est dans la nature des femmes de trouver le suprême bonheur à reproduire. Cet amour orgueilleux fut troublé par une leçon que me donna la femme de mon porteur d'eau : « Une mère qui ne nourrit pas son enfant ne l'est qu'à demi, me dit-elle ». Mon cœur fut suffoqué par cette réflexion, mais le mien n'en alla pas moins en nourrice. Combien de fois cette ·idée m'a tourmentée et m'a prouvé par expérience que le raisonnement de cette femme n'était pas sans fondement, et qu'une mère, pour quoi que ce fût, ne devrait jamais se séparer de ses enfants.

Dans le nombre des personnes qui vinrent me faire des visites d'usage dans cette circonstance, fut Madame Landron, femme d'un camarade de bureau et bon ami de mon mari..... Nos deux ménages se lièrent d'une étroite amitié, elle dura vingt-quatre ans sans avoir eu aucun mécontentement ni refroidissement de part et d'autre ; mais la mort n'épargne aucun sentiment et les moissonne tous. C'est de vingt à trente-cinq ans que l'on peut espérer se faire des amis de longue durée ; c'est dans l'espace de ces quinze années que les passions, les goûts, le caractère se forment, prennent de la stabilité, et nécessairement nous portent vers ceux pour lesquels nous éprouvons de la sympathie..... Avant que de se dire telle personne est mon amie, il faut savoir si l'on est digne d'être le sien ; ce sentiment a besoin de nourriture et ne peut être alimenté que par le désintéressement, des égards, de la générosité à se passer réciproquement les torts et ridicules..... L'amitié a des charmes pour ceux qui savent les goûter ; les jouissances sont plus réelles pour celui qui oblige que pour l'obligé... S'il arrive des malheurs, des chagrins, à qui les confier si l'on n'avait un ami qui les partage ? Par ses conseils, il en diminuera l'amertume et aidera à les supporter ; guidé de ses avis, aidé de ses moyens, il ranime notre âme abattue ; il rend à la vie, et fait éprouver qu'il est des jouissances terrestres desquelles il faut savoir profiter. Qui n'a pas connu tout le charme inépuisable de ce précieux attachement a été privé du bonheur réel de ce monde.

Mon peu d'expérience et mes paquets de paille ne m'avaient pas mis à même de donner de l'extension à mon commerce, qui se réduisait à très peu de chose. Joint à cela, mon mari perdit sa place quinze mois après notre mariage ; mais les premiers temps d'un ménage on se tourmente rarement de ses intérêts. Tout occupés du sentiment que nous éprouvions l'un pour l'autre, nous pensions peu à notre avenir, ou du moins nous n'en étions pas tourmentés. Cependant, croyant ne pouvoir continuer les affaires du commerce sans courir la chance de faire perdre les personnes qui m'eussent fait crédit, je préférai quitter ma boutique.

Nous louâmes deux petites chambres rue Neuve Saint-Martin dans une maison déjà habitée par une partie de la famille de mon mari..... Le peu de ressources qui nous étaient restées en quittant ma boutique y furent bientôt épuisées, et j'allais devenir mère d'un deuxième enfant. Je n'avais pas d'état, mon mari était sans place ; je mis en gage la montre dont mon père m'avait fait cadeau ; il me semblait qu'un pressentiment m'avertissait que jamais je ne la reverrais ; il ne me trompa pas. J'avais eu tant de plaisir à la recevoir que j'éprouvai de chagrin de ne pouvoir la retirer du mont-de-piété, non pour la privation de ne plus la porter, mais c'était mon père qui me l'avait donnée..... Le produit en fut bientôt dépensé dans notre ménage. J'avais cependant compté sur une partie pour faire la surprise à mon mari de lui faire mettre un collet de velours noir et des boutons nacre de perle sur son habit de mariage ; il était vert pomme. Mais lorsque Monsieur Castre, son tailleur, lui rapporta son habit bien réparé, je n'avais plus d'argent pour acquitter son mémoire ; il était de quatorze francs. Nous ne trouvâmes pas d'autre moyen que de vendre l'habit pour en payer la façon. Cet expédient pénible me prouva qu'il fallait absolument gagner de l'argent.

Mon mari sollicitait partout pour avoir une place sans pouvoir y réussir. Notre position, quoique n'étant pas très rassurante, ne m'alarmait pas beaucoup ; mon père m'avait souvent dit que quand on voulait on pouvait, avec le travail et l'ordre, se tirer d'affaire. Il me vint à l'idée de me mettre couturière..... Monsieur Landron..... me donna une vieille redingote à lui retourner et m'en paya neuf francs de façon ; c'était bien pour le seul plaisir de m'être utile, car je ne lui ai vu la « reporter » ; voilà ce que j'appelle une délicatesse de l'amitié désintéressée.

Le premier octobre 1799, j'accouchai d'une fille que nous nommâmes Coralie, ce qui augmenta encore nos dépenses. Pour y subvenir, je travaillais jour et nuit ; l'hiver étant rigoureux et n'ayant pas de bois, je m'empaquetais d'une couverture pour me garantir du froid. Le fruit de mon travail suffisait à peine pour notre dépense, quoique économisant et nous privant sur tout. Je n'en éprouvais aucune contrariété pour moi, mais pour mon mari. Un jeune homme à moins de courage pour supporter la misère qu'une femme...

Enfin mon mari obtint une place chez monsieur Sapinot, huissier, qui lui valait six cents francs par an ; c'était un commencement de fortune pour nous. Presque aussitôt il eut des rôles de contributions à remplir, ce qui lui rapportait encore cinquante francs par mois. Il nous semblait que nous allions devenir des richards, et voulûmes nous amuser de même. Les dimanches, nous fîmes des parties de campagne. [Une fois] j'emportai deux livres de bœuf à la mode et allâmes trouver Monsieur et Madame Landron, qui avaient un petit chariot, pour tenir nos provisions et nos garçons ; ils avaient chacun seize mois. Nous les traînâmes chacun à notre tour jusqu'au bois de Belleville ; arrivés là, nous cherchâmes autant que possible les lilas, qui nous offraient de l'ombrage..... le parterre nous servait de siège et de table... En retournant, le plaisir que j'avais éprouvé à cette partie de campagne fut troublé par le bavardage d'une femme qui passait près de nous. Le jeune Landron était un enfant superbe, il avait une carnation et un teint d'une fraîcheur qui portaient envie à qui le voyait ; joint à cela, il ne pleurait que très rarement. Mon Hippolyte au contraire était brun et sans fraîcheur, ayant peur des femmes âgées et des chiens ; aussitôt qu'il apercevait l'une ou l'autre, il pleurait ; et comme ces occasions ne pouvaient manquer de se présenter souvent, il était toujours pleurant et par conséquent peu aimable, et surtout en comparaison du jeune Landron. Je ne m'apercevais nullement de cette différence ; je ne trouvais peut-être pas mon fils plus beau, mais au moins aussi intéressant que le jeune Landron ; l'amour maternel aveugle toutes les mères, et je fais partie de ce nombre. La femme bavarde et inconséquente dont je veux parler passait près du petit chariot dans lequel étaient les deux enfants ; regardant le jeune Landron, elle s'écrie : « Ah ! le bel enfant » ! et voyant Hippolyte qui pleurait, dit : « Ah ! que celui-ci est laid » ! Jamais propos ne put faire éprouver plus de dépit que j'en ressentis ; les larmes m'en vinrent aux yeux. Ensuite je trouvai que cette femme était bête et avait le jugement faux, puisqu'il l'empêchait de voir Hippolyte tel que je le voyais. Un moment après, j'étais furieuse de colère, et si la honte de quitter Monsieur et Madame Landron ne m'eût retenue, j'eusse couru après cette femme pour l'injurier et, je crois, lui donner une tape..... L'inconséquence de cette femme m'a prouvé qu'il ne fallait pas toujours dire ce qui se présente à la pensée sans craindre d'affliger ou d'offenser les personnes à qui l'on dit des choses déplacées qui souvent sont sans but, et que faute d'avoir réfléchi on s'attire l'éloignement de ceux qui auraient pu nous porter intérêt. On doit surtout craindre d'offenser le cœur et l'amour-propre de qui que ce soit.

Les différentes positions difficiles dans lesquelles je me suis trouvée m'ont prouvé qu'il ne fallait jamais dédaigner l'appui, les conseils, l'amitié et même la protection des personnes, n'importe dans quelle classe de la société où elles se trouvent. J'en ai eu la preuve par un bien léger service que mon mari fut assez heureux pour rendre à un garçon de bureau réformé, qui, par reconnaissance de ce service, lui fit avoir une place au dépôt de remonte à Compiègne. Cette place, qui était de trois mille francs, devait nous donner plus d'aisance que nous n'avions avec les deux petites de mon mari et même en y ajoutant le produit de mon état de couturière ; aussi je ne balançai pas à le quitter, et nous partîmes pour notre nouvelle destination.

*

*Le court séjour de Marie-Victoire Monnard à Compiègne lui a laissé surtout le souvenir de deux excursions à cheval, l'une à La Croix-Saint-Ouen, l'autre à Pierrefonds, avec le personnel du dépôt de remonte, colonel en tête. Elle nous les raconte longuement et ajoute.*

Il n'était question à ce dépôt de remonte que de bals, de dîners et parties de plaisir où mon mari et moi étions toujours invités. Cette manière de vivre et d'être devait me paraître très agréable et toute différente de celle que j'avais menée rue Neuve-Saint-Martin à Paris, où je passais une partie des nuits de l'hiver enveloppée d'une couverture, obligée de travailler pour nous procurer le plus strict nécessaire.....

Par la suppression du dépôt de remonte mon mari perdit sa place..... Pour revenir à la capitale, nous louâmes une charrette pour y mettre notre petit butin, ainsi que nous et nos deux enfants. Je quittai Compiègne, après y avoir resté quatorze mois au milieu des plaisirs, sans éprouver aucun regret..... Arrivés à Paris, notre premier soin fut d'aller voir Monsieur et Madame Landron, de qui nous reçûmes de nouvelles marques d'amitié. Nous nous casâmes dans un petit logement rue Saint-Denis, et me remis de suite à l'ouvrage, dont je ne manquai pas de trouver à me procurer. Malgré la meilleure volonté, je ne pouvais en faire beaucoup, ayant mes deux enfants à soigner et surtout Hippolyte, qui me prenait beaucoup de temps parce qu'il fut toujours en retard sur son âge pour le jugement et le raisonnement.....

*

Cinq mois s'étaient écoulés depuis notre retour de Compiègne sans que mon mari ait pu parvenir à obtenir une place ; ce qui nous avait forcé de manger un peu sur les quatorze cents francs que nous avions économisés à Compiègne. Un des frères de mon mari, chef de comptabilité domicilié à Nantes, lui écrivit pour lui proposer une place de quinze cents francs pour être près de lui chez Monsieur Fondrouge, administrateur des vivres à Nantes, où mon mari avait son père, sa mère et deux de ses frères. Le plaisir d'aller près d'eux l'emporta sur la raison et nous décida à partir, bien que Monsieur Landron employât tous les conseils que la pure amitié peut suggérer pour nous détourner de faire un déplacement aussi éloigné pour quatre personnes, et pour une place aussi précaire, qui offrait peu de stabilité et qui absorbait pour les frais de notre voyage une partie de ce qui nous restait de nos quatorze cents francs.

Afin de les économiser, nous allâmes le 6 octobre 1802 à Orléans, où l'on construit des espèces de barques faites de planches que l'on cloue les unes avec les autres à mesure et pour le nombre des voyageurs qui se présentent au port. En quatre heures ces bâtiments sont confectionnés ; on les met à voile et ils vous conduisent à très bon compte le long de la Loire jusqu'à Nantes. En entrant dans ce bateau fait à la hâte et presque à jour, je n'étais pas très rassurée pour les miens ni pour moi. La peur qu'éprouvaient mes enfants les faisait crier ; tout occupée à les rassurer, je regrettais déjà de n'avoir écouté les sages conseils que Monsieur Landron nous avait donnés. Vingt-deux personnes, dont quinze soldats s'en allant en semestre, deux domestiques et une espèce de ..... (1) et nous quatre, étaient ce que contenait cette barque ; on y était serré comme des harengs dans une caque. Nos enfants étaient sur nos genoux. Le patron qui gouvernait cette barque était un jeune marin conscrit qui, dans la crainte d'être arrêté, cherchait à se soustraire aux recherches que faisait faire le gouvernement du premier consul pour les besoins de la marine. Pour éviter d'être pris, il n'arrêtait son batelet que près des villages qui bordent la Loire, et encore ne le faisait-il que de nuit, au lieu de nous

---

(1) Nous n'avons pu comprendre le mot.

mettre à bord des villes dans lesquelles nous devions manger et coucher.

Nous arrivâmes à minuit près d'un village à cinq lieues de Blois, qu'il nous fallut joindre à pied, portant chacun un de nos enfants sur le dos. Nous ne trouvâmes dans l'espèce d'auberge où nous entrâmes que des œufs, dont on nous fit une omelette au lard qu'il nous fut impossible de manger tant elle était salée. L'aubergiste n'avait pas plus de lits pour nous coucher que de ragoût à nous donner pour manger. Nous nous mîmes sur un mauvais billard sans avoir eu la prévoyance d'y faire mettre quelques bottes de paille qui nous eussent garantis d'avoir les reins rompus. Les membres n'étaient pas ce qui souffrait le plus chez moi ; mais les entrailles d'une mère, de voir ses jeunes enfants mal nourris, fatigués, étendus sur un billard..... Je ne pus me reposer pour une autre raison. C'est que, dès trois heures du matin, on faisait un train dans la cour de la maison où nous étions à ne savoir ce que cela signifiait. J'écoutai à travers les volets et entendis bien distinctement des hommes et des femmes discuter pour avoir un ou deux sous de plus par jour. Ce que je pouvais le moins comprendre à cette discussion, pour une aussi modique somme, c'est qu'elle avait lieu au village entre des personnes parlant leur langue avec pureté et se servant de mots techniques pour s'exprimer, comme par exemple : nous allâmes, nous convînmes, nous fûmes, ils vinrent. Je voulus voir les personnages entre lesquels ce dialogue avait lieu ; je fus bien surprise lorsque je vis des jeunes vendangeurs et vendangeuses à louer débattant le prix de leur journée. Je demandai comment il se faisait que des paysans parlaient aussi bien le français, étant si éloignés de la capitale, tandis que ceux qui l'environnent le parlent si mal. C'est, me dit-on, que la langue française a pris naissance et est originaire de Blois, et que les paysans de ses environs l'ont transmise d'âge en âge aux leurs.....

En arrivant à Tours, notre patron nous dit que le vent se disposait à changer à notre avantage et qu'il serait convenable d'en profiter la nuit. Y compris celle où nous

couchâmes sur le billard, c'était la troisième que nous
devions passer tenant nos enfants sur nos genoux, harassés
de fatigue et souffrant encore plus de voir ces pauvres petits
êtres ne pouvant se délasser faute de place dans la barque...
L'avis de tous les voyageurs étant d'arriver le plus promptement possible, il fallut se soumettre. Nous fîmes dix lieues
très vite, mais plus nous avancions et plus la Loire devenait
basse. Elle le devint au point que notre barque s'embourba
dans la vase à ne pouvoir en sortir sans que les passagers
qu'elle contenait n'en descendissent pour se mettre dans l'eau
pour l'en retirer. Ce travail pénible me faisait l'effet de voir
des voyageurs sur terre obligés, faute de chevaux, de traîner
une diligence dans laquelle est renfermée leur fortune. Au
fait, tout ce que nous possédions était dans ce malheureux
batelet. Ne voulant perdre le prix de notre passage payé en
avance, nous prîmes patience dans l'espoir d'un mieux.
Notre attente fut trompée, car on fut obligé de recommencer
cette besogne quatre fois pour faire trois lieues.

Enfin nous parvînmes à Chouzé (1), à dix heures du soir.
L'aubergiste chez lequel nous entrâmes nous fit une soupe
aux choux verts. Mes yeux la dévoraient, tant j'avais faim ;
c'est la seule fois que j'ai éprouvé ce que peut faire souffrir
l'extrême besoin de prendre des aliments. Il m'a semblé et
me semble encore n'avoir rien mangé d'aussi bon que cette
soupe aux choux verts ; ce qui prouve que les mets les plus
recherchés ne sont qu'accessoires pour faire un bon repas et
qu'il suffit d'avoir un bon appétit. Cinq des passagers restèrent à Chouzé et allégèrent notre barque qui, devant partir
à cinq heures du matin, arriverait à Saumur après deux
heures de navigation, à ce que nous disait notre pâtron.....
Tout à coup il s'éleva un vent qui nous fit reculer et chavirer
de manière à ce que l'eau entrait de tous côtés dans notre
barque..... J'étais déjà effrayée du danger qui nous menaçait,
quand pour me rassurer l'un des passagers... nous raconta
que l'année dernière une pareille barque à la nôtre, mal

(1) Chouzé-sur-Loire (Indre-et-Loire).

construite, et au même endroit où nous étions, avait été culbutée par un très grand vent et que presque tous les passagers avaient péri..... Il n'y avait pas moyen d'en sortir, impossible de faire couper les vagues par notre barque pour arriver à terre sans avoir la presque certitude de nous faire engloutir. Le vent excessif qu'il faisait nous rendait notre voile accessoire, et afin d'arriver et même tâcher de nous maintenir en place, il fallut nous mettre à ramer..... Malgré cette besogne pénible, nous eûmes la douleur de voir Saumur pendant quatre heures à la distance d'une lieue de nous sans pouvoir l'atteindre. Nous en perdions presque l'espoir, lorsque la Providence vint à notre aide en faisant changer la direction du vent, qui en dix minutes nous mena à bord. Après [nous être reposés] quelques heures à Saumur..... le temps devint superbe..... il fallut nous rembarquer. Nous fîmes seize lieues très promptement, au bout desquelles nous fûmes encore arrêtés très subitement par le changement du vent..... Les passagers, déjà harassés d'avoir ramé pour arriver à Saumur, ne purent recommencer..... Notre patron, ne pouvant plus tirer parti de notre bonne volonté, n'osa risquer de nous faire passer à minuit le Pont-de-Cé (1), duquel nous n'étions plus qu'à la distance de deux lieues. Il se détermina donc à se maintenir en place jusqu'à ce qu'il arrivât un gros bateau attendu devant croiser le nôtre et à qui il demanderait main forte aux gens de l'équipage pour l'aider à passer le Pont de Cé. Nous l'attendîmes perchés sur l'eau, éclairés par une belle lune, et un temps du plus grand calme. Enfin le bateau attendu arrive ; les bateliers entrent en pourparlers, les parlementaires se rapprochent, ils conviennent de leur fait..... Un homme pesant au moins deux cents, et quoique étant dans un état d'ivresse, n'en fut pas moins mis en fonction de rameur. Notre patron nous raconta que cet homme, en 1793, était l'un des chefs des noyades de Nantes ordonnées par Carrier, agent de Robespierre pour faire incarcérer les aristocrates de Nantes et de ses environs.

---

(1) Les Ponts-de-Cé, ch.-l. de canton de l'arrond. d'Angers (Maine-et-Loire). Ponts célèbres.

En ayant un assez grand nombre d'arrêtés et voulant s'en défaire promptement pour les faire remplacer par d'autres qu'il avait en vue de faire arrêter, il inventa un nouveau mode d'exécution en faisant mettre vingt ou trente de ses prisonniers dans des nacelles au milieu desquelles étaient des trappes qu'on levait à volonté. Lorsqu'elles étaient à une certaine distance de Nantes en pleine eau, notre nouveau rameur en levait les trappes et les refermait sur ses victimes... La partie saine de la France désignait ces crimes par « les Noyades de Nantes ». La narration de ces crimes m'avait transie d'épouvante, et d'horreur d'en avoir un des exécuteurs avec nous. Cet homme, ivre de vin et balancé par le mouvement réitéré des rames....., s'endormit assez profondément pour tomber dans la Loire. Il était placé à l'extrémité de la barque, de manière que nous ne pûmes le voir dormir ni culbuter à la renverse et ne nous aperçûmes qu'il nous manquait que parce que nous n'avancions presque plus..... Notre patron, plus expert que nous, s'étant aussitôt aperçu de sa disparition, s'était jeté dans la rivière et [avait] plongé pour l'en retirer : c'était d'autant peu facile qu'il était nuit et..... qu'il fallut qu'il le cherchât à tâtons. Cependant il parvint à ramener sur l'eau cette masse de chair, que nous eûmes peine à hisser dans la barque..... Cet homme ne s'était pas même, je crois, réveillé au fond de l'eau, car lorsqu'il en fut retiré il ne dit pas un mot et dormit sur la planche trois heures profondément dans ses vêtements mouillés..... Notre ivrogne après avoir dormi reprit ses rames..... Et après avoir passé sept jours et six nuits sur la Loire, qui m'avaient paru un siècle, épuisés de fatigue et de misère, nous arrivâmes à Nantes. En quittant notre barque, je lui fis mes adieux et jurai, mais trop tard, qu'elle ne m'y prendrait plus.

⁂

Nous fûmes reçus avec amitié des frères de mon mari ; l'un l'installa dans ses fonctions d'employé, l'autre nous donna nos entrées au théâtre, où je connus en grande partie le répertoire du Théâtre français, de l'Opéra comique, du

Vaudeville. En province, l'on joue tous les genres, le mélodrame, même les grands opéras, et quelques tragédies sur le même théâtre. La pièce que j'y ai vue et qui m'a fait le plus de plaisir est une folie opéra-comique. Lorsque Jacquinet Latreille, acteur dans cette pièce, entre en scène avec sa besace sur le dos et qu'il parle de Chauny son pays, les spectateurs se mettent à rire en voyant son costume et sa « dégaine ». La joie que j'éprouvais était contraire à la leur ; Chauny était dans mon département (1) ; la besace que portait Jacquinet était pareille à celles que j'avais vues aux paysans venant chez mon père ; ses vêtements et son patois étaient picards ; il allait rue Doyenné, près de la rue Traversière où j'étais débarquée à Paris chez Madame Amé. En fallait-il plus pour faire battre mon cœur ? Je me croyais transportée en Picardie et dans la maison paternelle ; mon âme se dilatait de plaisir..... Il est bien vrai que le mot de patrie ou de son pays a des droits et de l'empire sur le cœur de celui qu'il a vu naître..... Je fus tellement pénétrée de la vérité du caractère de Jacquinet Latreille qu'à dater de cette époque je n'ai vu une pièce sans y apporter attention, tant j'étais persuadée que l'on pouvait [ainsi] juger des mœurs, des costumes et du caractère de chaque peuple représenté à la scène.....

Rien ne me donna plus encore le désir de m'instruire, mais je n'avais plus à Nantes Mademoiselle Daraucourt pour faire la lecture, et à peine si je savais assez lire, et surtout les noms propres des personnes marquantes de l'histoire..... Afin de me les éviter à lire, je pris *la Nouvelle Héloïse,* par Jean-Jacques, que l'on me proposa comme un chef-d'œuvre de style. Je ne supposais pas pouvoir l'apprécier et ne l'aurais peut-être pas lu si je n'eusse vu dans la préface que la lecture de ce livre était dangereuse à faire pour une jeune femme, ce qui piqua ma curiosité ! Je n'en eus pas sitôt lu quelques lettres que je ne pouvais le quitter, tant je trouvais surprenant que l'on puisse rendre compte en écrivant de

---

(1) Chauny est du département de l'Aisne et non du département de l'Oise.

toutes les impressions que ressent l'âme, et peindre aussi positivement les mouvements du cœur et des sens que fait éprouver le sentiment de l'amour. Mon imagination en travaillait jour et nuit d'admiration pour l'auteur.

Je voulus savoir qui était ce Jean-Jacques. On m'apprit qu'il était mort et enterré en 1778 à Ermenonville, à quatre lieues de mon pays. Cela me rappela que j'avais connu Thérèse, sa femme, avec laquelle j'avais eu quelquefois occasion de parler. Mais alors je n'avais que quatorze ans et faisais peu attention à cette femme, qui me paraissait insignifiante. Elle venait à Paris dans la diligence de mon père avec le cocher de monsieur de Girardin, qu'elle avait épousé après la mort de Jean-Jacques (1). Cette action était bien digne de sa bêtise. J'avais bien remarqué que les voyageurs en arrivant avec elle la désignaient comme étant la femme de Rousseau. Peut-être parlèrent-ils de ses ouvrages, mais j'étais si loin alors de savoir ce que c'était qu'un auteur, que je ne fis pas attention que cette femme était celle de celui qui avait si bien défini le cœur humain et qui devait en faisant la lecture de son *Héloïse* m'intéresser de manière à ne pouvoir l'oublier. Cette Thérèse, sa femme, qui ne m'était revenue à la pensée depuis onze ans, s'y représenta telle que je l'avais vue. Il m'était difficile de concevoir comment un homme aussi éclairé que Jean-Jacques avait pu se fixer près d'une femme aussi nulle. C'était une espèce d'idiote, d'une petite taille, grassette et trapue ; elle était fraîche et ne paraissait pas plus de cinquante ans quoiqu'elle en eût alors soixante (2). Ce que je remarquai en elle de plus intéressant

---

(1) Marie-Thérèse Levasseur, née à Orléans, le 21 septembre 1721, mourut à Plessis-Belleville (Oise), à 81 ans, le 23 juin 1801. Le décès est déclaré par « Jean-Henri Bailly, *homme de confiance de la dite* ». Voir *J.-J. Rousseau et ses amies*, par Léo Claretie (Paris, L. Chailley, 1896).

(2) «...Marie-Thérèse Levasseur, veuve de Jean-Jacques Rousseau, demeurant au Plessis-Belleville, âgée de 72 ans, taille de 4 pieds 7 pouces, cheveux et sourcils châtains, yeux gris, nez long, bouche moyenne, menton rond, front haut, visage plein... », d'après un certificat de résidence délivré à Nanteuil-le-Haudouin, chef-lieu de canton. — Cité dans *Histoire de Nanteuil-le-Haudouin*, par E. Legrand. (Imprimeries Réunies de Senlis, 1923, p. 163).

et que j'admirai, était une croix d'or que l'on nommait croix
à la Jeannette, qu'elle portait attachée au bout d'un petit
ruban noir. La Convention Nationale avait accordé à cette
veuve de Jean-Jacques une pension qu'elle venait recevoir à
Paris (1). Je crois qu'elle était incapable de s'expliquer assez
clairement pour la toucher  elle-même sans l'aide du cocher
de Monsieur de Girardin son mari. Les détails dont je me
rappelais sur la femme de Jean-Jacques me firent éprouver
un plaisir nouveau en continuant  la lecture de sa *Nouvelle
Héloïse*. Les actions y sont si naturellement  et si justement
amenées qu'elles me faisaient aimer Jean-Jacques à ne
pouvoir le quitter que fort avant dans la nuit. Je trouvais que
l'auteur avait eu raison d'énoncer dans sa préface que la
lecture de cet ouvrage était dangereuse à faire pour une
jeune femme.

Dans la maison où je demeurais à Nantes, je m'étais liée
avec Madame Montpellier, dont le mari était armateur. Je
fis ma société la plus intime de ces deux personnes..... Je me
plaisais  près d'eux, ils me faisaient la narration de leurs
longs voyages ; je tachais, afin de m'instruire, d'en retenir les
détails. De mon côté, je leur racontais avec confiance tout ce·
qui m'était arrivé, et ce que je voyais au spectacle ou au
bal masqué où j'allais. Les plus vilains costumes étaient ceux
qui me convenaient le mieux. C'est un des plaisirs les plus
grands que j'aie éprouvés que celui d'intriguer. J'appris sous
le masque à connaître la légèreté des hommes ; je vis qu'ils
s'éprenaient de belles passions pour toutes les femmes.
J'avais assez de babil et portée à dire des choses obligeantes
à ceux que j'intriguais ; par ce moyen je les fixais près de
moi, parce·qu'il est dans la nature d'aimer à se rapprocher de
ceux qui paraissent disposés en notre faveur. Différents paris
furent proposés par des messieurs aux bals masqués pour
soutenir que j'étais Madame T..... ou toute autre femme de
ma taille. La cause de ces gageures venait de ce qu'il y avait

---

(1) Thérèse Levasseur jouissait d'une pension que lui faisaient les
éditeurs des œuvres de son mari. A cette pension s'ajoutait celle de
1.200 livres votée par la Convention.

peu de grandes femmes à Nantes ; je fixais l'attention.....

Alors nous étions en 1802. Napoléon était premier consul et envoya son frère Jérôme (1) à Nantes qui à cette époque était enseigne de vaisseau. Il vint loger rue Jean-Jacques, chez Madame Changions où nous demeurions. Ce fut une époque pour la ville et pour les personnes qui habitaient près de lui. Recevoir le frère du premier Consul était un événement vaniteux, dont chacun briguait l'envie. Jérôme avait dix-huit ans, il était petit, mince et bien fait, rempli de grâce, d'amabilité, de l'expression de physionomie, aimant les dames et les plaisirs d'agilité. Il avait pour guide un jeune médecin à qui, disait-on, sa belle-sœur Joséphine l'avait recommandé. Ce médecin lui servait de mentor, d'ami et était aussi le compagnon de ses plaisirs..... Jérôme Bonaparte restait rarement en place ; un de ses amusements était celui de se baigner et de se faire sauter dans un drap par des domestiques qui en tenaient les quatre coins. Il aimait aussi à tirer le pistolet et fit clouer des cartes sur le mur intérieur de la maison et en face de ses croisées. Elles en étaient à trente pas de distance, et de là il ajustait et tirait le pistolet sur ses cartes deux ou trois heures par jour ; ce dont les voisins se plaignaient assez pour en porter plainte aux autorités, qui arrivèrent chapeaux bas chez Jérôme, non pas pour lui ordonner de cesser son genre d'amusement qui incommodait ses voisins, mais pour prévenir le frère du premier consul qu'ils étaient excédés de plaintes qui les avaient forcés à faire cette démarche près de lui pour le prier d'aller en plaine faire cet exercice. Jérôme ne tint aucun compte de cette prévenance et n'en continua pas moins de tirer le pistolet sur ses cartes. Les voisins qui demeuraient au-dessus, impatientés par ce divertissement, imaginèrent un moyen pour le faire cesser, celui de hacher du papier à seule fin qu'il puisse imiter la neige et le jetèrent par leurs fenêtres au moment où Jérôme mettait en joue. Ne pouvant

---

(1) Jérôme Bonaparte, né à Ajaccio le 15 novembre 1784. Officier de marine. Devint roi de Westphalie. On raconte qu'il montra plus d'ardeur pour les plaisirs que pour les affaires.

plus ajuster juste à travers cette neige, il alla demeurer en face dans un plus vaste appartement.

Il y donna des bals où nous fûmes invités. Ces réunions nombreuses étaient composées des autorités et de ce qu'il y avait de plus riches à Nantes. Probablement Jérôme n'avait pas que la paye de son grade d'enseigne de vaisseau pour subvenir aux frais de ces bals, qui par la magnificence étaient bien ceux d'un prince. Il y avait des balustrades à jour où étaient placés des musiciens [qui chantaient] dans l'intervalle des contredanses. De l'autre côté de la salle de bal était aussi une espèce de galerie vitrée à travers laquelle le peuple venait jouir de la vue de ces réunions brillantes. Jérôme recevait et faisait les honneurs de chez lui avec amabilité et grâce, et dansait avec une telle légèreté que chacun briguait l'envie d'être du quadrille dont il faisait partie

Le hasard me fit placer à table près de monsieur François de Nantes, homme de mérite et d'un extrême bon ton ; le maître de céans était à sa droite, et comme homme extrêmement attentif à bien recevoir et à bien faire les honneurs de sa table, il m'offrit et m'invita à accepter un mets en me nommant par mon nom, qu'il savait, ayant demeuré chez Madame Changions et sur le même palier que nous. « Quelle est cette dame Huet » ? se demandaient les dames du bal ; « le frère du Consul la connaît, il l'a nommée ». C'était une affaire d'état pour elles, de qui Jérôme ne pouvait connaître leurs noms et qualités que par la liste qu'il en avait reçue par les chargés de cérémonie et fait inviter comme cela se pratique lorsque l'on donne des bals à la ville de Paris. Bien certainement pas une de ces dames n'avait entendu parler de moi ; mon rang et ma fortune ne cadraient nullement avec la leur. Un étranger arrivant en province devrait, pour éviter une enquête, y apporter son contrat de mariage et le tenir ouvert pour aller en société, afin qu'on y puisse lire ses titres et, s'il était possible, sa généalogie.....

Je n'avais à Nantes d'autre occupation que celle de soigner mes enfants et mon ménage. Je trouvais cette besogne douce, mais elle ne pouvait suffire à une imagination et à une tête volcanisée comme la mienne, qui n'est jamais restée un quart d'heure sans penser et méditer un projet... Je regrettais Paris et pensais à y revenir pour y utiliser mes petits moyens d'industrie. La place de mon mari était si précaire qu'à peine si le traitement qu'il en recevait pouvait suffire à nos besoins. En province, il est presque impossible que la femme d'un employé puisse rendre d'autre service à sa famille que celui de lui donner des soins, ou elle ne peut prétendre à être reçue dans la société que son mari peut voir. Si on sait parmi elle qu'elle tire parti de son industrie pour d'autres que pour elle, elle est presque dédaignée de la classe bourgeoise.....

Je pensais à Paris et à l'amabilité de ses habitants, qui ne font de distinction des hommes que par leur mérite personnel. Il y a ce velouté, ce je ne sais quoi dans les manières des personnes qui habitent ou qui ont habité la capitale, qui leur donne le cachet du sage, de bon ton, que l'on reconnaît dès qu'elles se présentent parmi le monde. Je regrettais de ne plus être à Paris, et n'ayant d'autre ressource que les appointements de la place de mon mari, je ne pouvais entrevoir l'époque qui nous y ramènerait.

Déjà Monsieur Fondrouge, chez lequel mon mari était employé, se trouvait tellement gêné qu'il devait trois mois d'appointements à ses employés. Ne voulant cumuler davantage, il en remercia, mon mari fut de ceux-là. Mais comment voyager, quatre personnes de Nantes à Paris, sans argent ? Nous prîmes le parti d'attendre que monsieur Fondrouge puisse donner quelques acomptes à mon mari sur ce qu'il lui devait et attendîmes un mois dans cet espoir. Il se réalisa, et nous nous disposâmes à partir ; j'allais quitter la province et me promettais bien de ne plus venir l'habiter.

⁂

Ici s'arrêtent les souvenirs de jeunesse de Marie-Victoire Monnard. Nous sommes en 1802. Quand les écrivit-elle ? Après 1830, puisqu'elle dit quelque part : « Le roi Louis-Philippe maintenant roi de France ». Elle avait donc passé la cinquantaine et sa mémoire était restée très fidèle.

Bien qu'elle se fût promis de ne plus habiter la province, après un séjour de trente-six ans à Paris elle se retire à Creil, tant est puissant le lien qui rattache l'homme au sol natal. Elle y possède une maison sise au hameau du Plessis-Pommeraie, elle y passe une longue vieillesse, et c'est là très probablement qu'elle rassembla ses souvenirs.

Elle survit à son mari, à ses deux enfants Hippolyte et Coralie ; mais il lui reste un fils, Eugène-Sylvain, né en 1810, négociant, et qui habite Paris, rue du Conservatoire, n° 5. C'est lui qui, le 23 juillet 1869, ferme les yeux à sa mère; elle avait 91 ans 9 mois et 19 jours, nous apprend son acte de décès : « L'an mil huit cent soixante-neuf, le samedi vingt-quatre juillet à huit heures du soir, devant nous Louis-Honoré Vaillant, adjoint de la ville de Creil, chef-lieu de canton (Oise), remplissant par délégation du Maire les fonctions d'officier de l'état civil, ont comparu à l'hôtel-de-ville Eugène-Sylvain Huet, âgé de cinquante-neuf ans, négociant, domicilié à Paris, rue du Conservatoire, 5, et Nicolas-Léon-Augustin Boursier, âgé de quarante-neuf ans, le premier fils et le second ami de la défunte ci-après nommée, lesquels nous ont déclaré que *Marie-Jeanne-Victoire Monart,* née à Creil le quatre octobre mil sept cent soixante-dix-sept, fille des défunts Jean Monart et Marie-Geneviève-Victoire Jourdain, et veuve de Joseph-Gaspard Huet, est décédée la veille à huit heures du soir, au hameau du Plessis-Pommeraye, dépendance de Creil, en son domicile. Après nous être assuré du décès, l'avons constaté par le présent acte que les comparants ont signé avec nous, lecture faite.

[Signé] : Huet, Boursier, Vaillant ».

Nous ne voulons pas terminer sans adresser une pensée émue à l'excellente femme dont les Souvenirs nous ont si agréablement intéressés. Elle est bien de la race paysanne saine, droite et généreuse de la région. Elle justifie le dicton de nos aïeux : « Bon sens vaut science